COMITÉ CENTRAL

POUR

SECOURS AUX VICTIMES DE LA GUERRE.

?. Richer, Pinx — Imp. Lem[...] Cie, Paris

NUIT DU 2 DÉCEMBRE 1870.

LOIGNY, (EURE & LOIR).

COMITÉ CENTRAL DE CHARTRES

SECOURS A[illegible] FAMILLES

VICTIMES DE LA [illegible]

[illegible]

SECTION DE LA SOCIÉTÉ FRANÇAISE

[illegible]

[illegible]

[illegible]

[illegible]

[illegible]

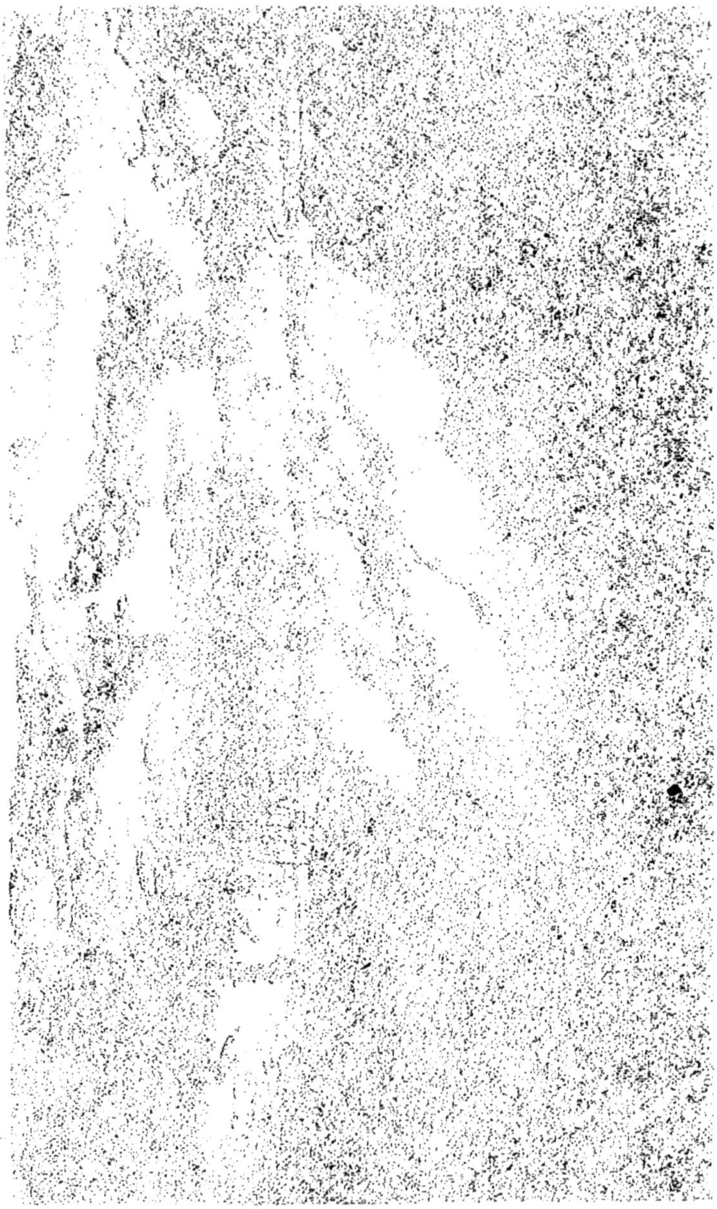

[illegible]

[illegible]

COMITÉ CENTRAL DE CHARTRES

POUR

SECOURS A ACCORDER AUX FAMILLES

DES

VICTIMES DE LA GUERRE

ET

SECTION DE LA SOCIÉTÉ FRANÇAISE

Constituée d'après la Convention de Genève

POUR SOINS A DONNER DANS LES AMBULANCES

AUX BLESSÉS DES ARMÉES.

CHARTRES

IMPRIMERIE ÉD. GARNIER

Rue du Grand-Cerf, 11

—

1872

COMPTE-RENDU

DES

OPÉRATIONS DE L'ŒUVRE

Présenté au Comité central par son Président.

I

CONSTITUTION ET COMPOSITION DU COMITÉ CENTRAL.

Après la déclaration de guerre, le 15 juillet 1870, des souscriptions, sous le nom général de dons patriotiques, ont été improvisées dans tous les départements : celui d'Eure-et-Loir n'a pas tardé à donner l'impulsion, et à former un fonds notable de secours recueilli par les directeurs des divers journaux, par les percepteurs, et au secrétariat de l'évêché; les sommes touchées par les percepteurs ont été versées à la trésorerie générale qui les a déposées au Trésor public, sans emploi justifié jusqu'à ce jour; les autres dons provenant des offrandes reçues par l'évêché et les journaux de Chartres, ont été intégralement remis au Comité de Chartres, et leur emploi sera consigné au compte financier de ce rapport.

A la suite de réunions tenues, d'abord chez M. Garnier, directeur du *Journal de Chartres*, puis, à la mairie, il a été décidé, le 3 août, qu'il serait constitué à Chartres un Comité de secours aux familles avec mission de centraliser et répartir les fonds de secours; ce projet reçut l'adhésion du directeur du journal l'*Union agricole*, et les 3 et 5 août ce Comité fut définitivement formé et élu d'un commun accord, par une assemblée de souscripteurs et il fut ainsi composé :

Président : M. Collier-Bordier, conseiller général.

Vice-Présidents : MM. l'abbé Olivier, secrétaire général de l'évêché; Auguste Lefebvre, juge de 1re instance et membre du Conseil municipal; Delacroix, pharmacien, depuis maire de Chartres et député.

Secrétaires : MM. Person, directeur de l'Ecole normale; Martin, avoué; Laigneau, avocat; Michard, propriétaire.

Trésorier : M. Fabrègue, notaire.

Membres assesseurs : MM. Garnier, directeur du *Journal de Chartres*; Coudray, directeur de l'*Union agricole*; Isambert (Michel), administrateur des hospices; Boutet, vétérinaire, adjoint au maire de Chartres.

Commission consultative : MM. Béthouart, ingénieur civil, l'un des directeurs de la fonderie; Paul Damars, propriétaire; Chauvière, pharmacien; Fessard, ancien négociant; Gustave Foiret, propriétaire; Hardouin-Thirouin, marchand quincaillier; Stanislas Isambert, propriétaire; Marcel Lelong, docteur-médecin; Mallet, principal clerc de notaire; Nancy, propriétaire; Nicole, négociant; Petit-Mangin, avocat; Thirouin, notaire.

Des admissions ultérieures appelèrent dans le Comité MM. de Pontavice, inspecteur d'Académie; Paul Charpentier, magistrat; de Boissieu, propriétaire; l'abbé Duteyeul, aumônier du Collége; l'abbé Paty, professeur à la Maîtrise; Mercier, directeur des prisons; Prieur, professeur au Collége; Moreau, docteur-médecin de Paris en résidence à Chartres; Edmond Foiret, propriétaire.

II

COMITÉ DES DAMES.

Il se formait aussi simultanément, par l'initiative de Mme Brassier, un Comité des Dames dont nous aurons à mentionner la composition et les travaux.

III

ATTRIBUTIONS.

Après leur constitution, ces deux Comités se mirent à l'œuvre, avec des attributions différentes : les Dames furent spécialement chargées de toute la partie de la lingerie, et en outre, avec les ressources pécuniaires qu'elles se procurèrent par leurs quêtes à domicile, de venir en aide aux familles des soldats sous les drapeaux.

Le Comité central dut pourvoir aux secours à accorder aux familles des militaires tués ou blessés.

IV

ACTES OFFICIELS.

Il convient d'indiquer ici les actes officiels destinés à réglementer et régir les divers Comités de secours et qui nous ont servi de base et de règle dans toutes nos opérations.

Une Commission supérieure a été instituée à Paris par décret impérial du 25 juillet 1870. A la suite de ses premières délibérations, M. le Ministre de l'Intérieur a adressé aux Préfets, à la date du 5 août 1870, une instruction relative aux Comités départementaux à former, à leur destination, à leur mission et à leurs attributions toutes spéciales qui sont entre autres : de recueillir les souscriptions et d'en assurer la distribution, de venir en aide aux familles et aux soldats eux-mêmes, de disposer de toutes les souscriptions recueillies dans le département, et même, en cas d'insuffisance, de fonds mis à leur disposition par la Commission supérieure, surtout dans les départements où des hôpitaux provisoires seraient établis, de leur laisser la liberté de leur organisation intérieure avec le choix des Présidents, Vice-Présidents, Secrétaires, Trésoriers, sans que l'administration ait à se substituer à leur initiative privée, l'administration ne devant intervenir que pour assurer la réalisation prompte et complète de la volonté des donateurs, prévenir la dispersion des ressources, rendre enfin aussi efficace que possible la grande manifestation qui se produisait en lui laissant son caractère de spontanéité.

Tels sont les principaux articles de l'instruction ministérielle constitutive du Comité de secours, et qui nous ont servi d'éléments dans notre action et dans nos résolutions.

V

DÉNOMINATION.

Le Comité de Chartres, formé et constitué conformément à ces prescriptions, s'est immédiatement mis à l'œuvre sous la dénomination de Comité central de secours, et, après son association à la Société française de la Convention de Genève, il adopta celui de Comité international d'Eure-et-Loir pour secours aux blessés des armées.

VI

EXPOSÉ DES DIVERSES OPÉRATIONS.

Enfin, ce compte-rendu comprendra tous les faits qui se rapportent à cette œuvre en les divisant en deux parties distinctes, et en les classant ainsi qu'il suit, suivant l'ordre des temps et des événements :

1° Opérations du Comité avant l'occupation du département par l'armée allemande et ayant seulement pour objet les secours à donner aux familles.

2° Opérations du Comité pendant l'occupation, non plus seulement comme secours aux familles, mais au titre de société affiliée à la Convention de Genève, pour création des ambulances volantes ou fixes et pour soins donnés aux blessés et prisonniers.

3° Faits relatifs à la Convention de Genève.

4° Opérations relatives à l'évacuation des ambulances, aux revendications à faire valoir auprès de l'administration départementale et des ministères de la guerre et des finances.

5° Opérations financières.

6° Annexe consacrée à l'œuvre particulière dans laquelle le Comité des Dames a déployé tant d'intelligence et de dévouement.

PREMIÈRE PARTIE.

OPÉRATIONS AVANT L'INVASION DU DÉPARTEMENT.

L'un des premiers devoirs du Comité fut de fixer des réunions périodiques, tantôt générales, tantôt partielles, pour délibérer sur toute question, et de rédiger le procès-verbal de toutes les délibérations comprenant, en ce moment, plus de 160 séances.

Dans la séance du 5 août 1870, M. Martin, l'un des secrétaires, donne lecture d'un manifeste intitulé : « Souscription pour secours tant aux blessés des armées de terre et de mer qu'aux familles des soldats et gardes mobiles d'Eure-et-Loir. » Ce manifeste, discuté et approuvé, est adressé aux maires de toutes les communes du département.

Dans la séance du 19 août, le même secrétaire soumet au Comité une lettre destinée aux Comités d'arrondissement pour les engager à s'unir à nous; les réponses à cette lettre furent : l'adhésion de M. le Président du Comité de Châteaudun, l'avis par le maire de Dreux que le Comité ne comprenait que la ville et non l'arrondissement; Nogent-le-Rotrou ne fit alors aucune réponse, son Comité ne s'étant formé que vers la fin d'octobre.

Dans l'assemblée générale du 23 août surgit une grave discussion relative à la centralisation par notre Comité des subventions de l'État, d'abord de cinq mille francs sur les cinq millions votés, puis de dix-huit mille francs sur le crédit élevé à vingt-cinq millions, porté ensuite à cinquante millions par le Corps législatif. Le Préfet objectait qu'il ne voyait pas la nécessité de retirer ces fonds de la Trésorerie générale, tant que le Comité aurait des valeurs suffisantes pour ses dépenses, se proposant de les mettre successivement à sa disposition si les fonds de souscriptions venaient à manquer. Après divers pourparlers fondés sur l'importance de la centralisation des ressources, le Comité, dans sa séance du 30 août, se décida à continuer son œuvre, laissant à M. le Préfet, selon son désir, la responsabilité d'une Commission de répartition nommée en dehors des prévisions et des prescriptions de l'instruction ministérielle du 5 août.

En témoignage de nos intentions bien arrêtées de concentrer ressources et unité, rappelons les démarches faites par nous pour centraliser l'action de tous les Comités d'arrondissement en un seul, et pour rendre nos relations plus intimes et mieux coordonnées, en consignant ici la lettre du 21 août, du Président du Comité de Chartres au Président du Comité de Châteaudun.

« . . . . Le Comité m'a prié de vous exprimer son vif désir d'une parfaite entente avec le Comité de votre arrondissement. Les principaux avantages de cette réunion seraient : de centraliser les sommes provenant de l'Etat, du département et des budgets communaux, dans la caisse de notre Comité central; d'établir une espèce de fonds commun, destiné à venir en aide là où les besoins ne seraient pas en proportion des ressources; de s'entendre sur le mode et la base de répartition à mettre en équilibre avec le disponible sans exagération ni mesquinerie; de provoquer sur une plus grande échelle les souscriptions de toute nature, l'envoi de blessés dans les familles, l'établissement de lits sur différents points et le concours actif de personnes charitables.

» Chaque Comité d'arrondissement, restant libre de répartir les valeurs dont il est en possession, resterait aussi juge et dispensateur des secours distribués sur les bases concertées, même de ceux sur demandes adressées au Comité central, ce qui empêcherait les doubles emplois et les abus.

» Notre Comité a aussi pris la résolution de déléguer un ou plusieurs de ses membres pour organiser des Comités sectionnaires dans chaque chef-lieu de canton et des sous-comités dans chaque commune.

» Rien ne pourrait m'être plus agréable que d'entrer en communication d'idées et de pensées avec mon ancien Président du Conseil général, dont l'expérience sera toujours d'un bien utile concours dans cette œuvre de bienfaisance et de légitimes sacrifices : c'est en s'inspirant mutuellement de leurs combinaisons et de leurs résolutions que les Comités feront utilement le bien. »

Mais l'approche de l'ennemi, son invasion dans le département, appelèrent la sérieuse attention du Comité sur l'installation d'un service d'ambulances dont elle arrêta les bases et le personnel dans ses séances des 27 septembre, 7, 11 et 18 octobre 1870.

Le 21 octobre Chartres capitule, les autorités administratives se retirent en laissant en permanence deux pouvoirs, l'un effectif et réel, l'autorité municipale, l'autre ne relevant que de son énergie morale, de son caractère officieux, sinon officiel, et de la neutralité de son action impartiale, c'était notre Comité; il avait sa raison d'être par la force des circonstances, par le respect dû aux conventions et par la ferme résolution de ses membres.

Ce Comité fonctionne pour la première fois comme société internationale, ce jour néfaste 21 octobre, sans discontinuer les secours aux familles; ce n'est que dans sa séance du 30 décembre, qu'en raison des charges énormes que lui impose ce nouveau service et de la modicité relative de ses ressources, qu'il prend la résolution de prier les Dames du Comité de secours aux familles de se charger exclusivement de cette répartition.

Le Comité des Dames, dont nous aurons occasion de signaler le zèle et la sollicitude, ainsi que l'ordre remarquable qui a régné dans toutes ses opérations, répondit qu'il n'hésitait pas à accéder à notre demande, malgré les obligations considérables que lui imposerait cette acceptation, en présence de l'exiguïté de ses ressources.

Après avoir mentionné par arrondissements les noms des cantons auxquels des secours ont été accordés par nous aux familles, notre compte-rendu aura pour objets principaux le fonctionnement du Comité comme Société de la Convention de Genève et le service des ambulances.

ÉTAT DES SECOURS VOTÉS AUX FAMILLES PAR LE COMITÉ DANS DIVERSES SÉANCES.

Arrondissement	Canton	fr.	c.
Arrondissement de Chartres.	Canton d'Auneau	520 fr.	»
	— de Chartres-Nord . .	1,910	»
	— de Chartres-Sud . . .	385	»
	— de Courville	375	»
	— d'Illiers	425	»
	— de Janville	520	»
	— de Maintenon	365	»
	— de Voves	570	»
		5,070	»
Arrondissement de Châteaudun.	Canton de Bonneval.	30 fr.	»
	— de Brou	45	»
	— de Cloyes	15	»
	— d'Orgères	120	»
		210	»
Arrondissement de Dreux.	Canton d'Anet.	155 fr.	»
	— de Châteauneuf . . .	130	»
	— de Dreux	15	»
	— de Nogent-le-Roi . .	40	»
	— de Senonches	40	»
		380	»
Arrondissement de Nogent-le-Rotrou.	Canton d'Authon	365 fr.	»
	— de La Loupe	100	»
	— de Nogent-le-Rotrou.	210	40
	— de Thiron	165	»
		840	40

Communes non relevées . . . . 85 fr. »

RÉCAPITULATION.

Arrondissement de Chartres	5,070 fr.	»
— de Châteaudun.	210	»
— de Dreux	380	»
— de Nogent-le-Rotrou. . .	840	40
Communes non relevées	85	»
Total.	6,585	40

Il est observé que dans les premiers moments les chefs-lieux d'arrondissement ont pu, avec leurs ressources propres, pourvoir aux besoins de leurs communes, et que par la suite, l'invasion a paralysé l'envoi des secours; mais qu'après la paix, le Comité central de Chartres, ayant repris sa mission de répartir les secours, a su rétablir l'équilibre et satisfaire aux demandes des familles du département tout entier : ce sera l'objet d'un compte supplémentaire.

DEUXIÈME PARTIE.

OPÉRATIONS DU COMITÉ PENDANT L'OCCUPATION ENNEMIE

Principalement à titre de Société internationale de Genève.

Avant d'entrer dans les détails et particularités du fonctionnement de notre Comité, comme affilié à la Société de Genève, il convient d'exposer préliminairement les principales dispositions de cette convention.

CONVENTION DE GENÈVE.

C'est une bienfaisante pensée, celle qui a pour but d'atténuer les horreurs de la guerre, surtout à l'égard des blessés.

Le 26 octobre 1863, sur l'initiative d'un Français, M. Dunant, une première assemblée de délégués de presque toutes les puissances de l'Europe, se tint à Genève et adopta diverses résolutions qui, par la suite, se résumèrent dans un traité appelé Convention de Genève, signé le 22 août 1864 et en articles additionnels, approuvés le 20 octobre 1868.

Un délégué prussien pour la Suisse, M. de Sydow, prit une part active à cette Convention, et à l'époque de la guerre, le 25 juillet 1870, il rédigeait à Berlin une instruction dont le texte en notre possession a été, pendant l'occupation, traduit, imprimé et répandu par nos soins. Nous en extrayons le passage suivant : « Les deux puissances qui sont maintenant sur le

2

» point d'entrer en lutte, ont été d'accord de considérer comme » valables, non-seulement la Convention du 22 août 1864, mais » encore les articles additionnels de 1868 s'y référant, pendant » la durée de la guerre actuelle. » Cette reproduction du traité de Genève, à la veille des hostilités, de la part du Président actuel de la Société de secours aux blessés de Berlin, M. de Sydow, va offrir un bien triste et bien douloureux contraste entre la convention et l'exécution, entre les prescriptions et l'interprétation, entre la lettre et l'esprit!

Les principales dispositions du traité sont, en ce qui nous concerne : Neutralité des ambulances et hôpitaux militaires, et de tout le personnel, même après l'occupation par l'ennemi.

Respect aux habitants portant secours aux blessés, et même appel à leur humanité par les généraux pour cette assistance.

Faculté de remettre immédiatement aux avant-postes ennemis les militaires ennemis blessés pendant le combat.

Renvoi dans leur pays de ceux reconnus incapables de servir, sous la réserve des officiers dont la possession importerait au sort des armes; les blessés tombés entre les mains de l'ennemi, lors même qu'ils ne seraient pas reconnus incapables de servir, devront être renvoyés dans leur pays, après leur guérison, ou plus tôt si faire se peut, à la condition toutefois de ne pas reprendre les armes pendant la durée de la guerre.

Une société française, dont les statuts ont été approuvés par décret du 23 juin 1866, s'est constituée sous la présidence de M. de Flavigny. Son règlement arrête entr'autres dispositions :

« Que le Comité central a son siége à Paris, qu'il provoque la formation de Comités sectionnaires et de Comités de Dames.... »

Les membres de notre Comité seront appelés ultérieurement à décider s'ils veulent persévérer dans cette œuvre et former un Comité sectionnaire permanent, relevant du Comité central siégeant à Paris conformément aux statuts et règlements précités.

AFFILIATION DU COMITÉ COMME SOCIÉTÉ DE LA CONVENTION DE GENÈVE.

Le département commençait à être envahi, une conférence de propagande relative à la Convention de Genève et à son affiliation, avait été tenue à la Préfecture, le 25 septembre, par un Délégué de la Commission supérieure; le Comité, dans sa séance du 27 septembre, décida en principe son affiliation, la demande en fut formée à la délégation de Tours, dont le Président, sous le bénéfice de quelques formalités immédiatement accomplies, déclara par sa lettre du 2 octobre, nous inscrire à dater de ce jour, 2 octobre, sur la liste des Comités affiliés directement à la Société centrale. Il autorisa notre Président à faire graver un timbre pareil à celui de la Société de Paris, en y substituant le nom de Chartres, à timbrer les brassards et les faire timbrer par la sous-intendance, à délivrer les cartes nominatives avec numéros correspondant aux brassards, et à timbrer lui-même les drapeaux.

Dans une conférence à Tours avec M. le vicomte de Flavigny, délégué du Conseil central et le président de notre Comité, le 5 octobre 1870, cette adhésion fut pleinement confirmée, moyennant une affectation spéciale à la caisse centrale.

Enfin, notre Comité, dans sa séance du 7 octobre, décida qu'une somme de 8,000 francs, compris les 3,000 francs versés à Paris, le 9 août, à la Commission supérieure, serait distraite de nos fonds pour être affectée exclusivement à la caisse centrale; le 8 octobre, avis de cette délibération fut donné à M. le vicomte de Flavigny fils, président de la délégation de Tours.

Il résulte de ces faits que le Comité de Chartres a été bien et valablement reconnu comme société affiliée à celle de Paris, il résulte aussi de renseignements authentiques qu'à ce titre, elle a été la seule existant et fonctionnant dans le département d'une manière régulière et légale.

DROIT DE RÉQUISITION.

Ajoutons que M. le Préfet confirmait nos pouvoirs par l'arrêté ainsi conçu : « Nous, Préfet d'Eure-et-Loir, déléguons M. » Collier-Bordier, président de la Société de secours aux blessés, » affiliée à la Société internationale de Genève,

» A l'effet d'organiser les ambulances actives, l'autorisant à » requérir tous les moyens de transports et objets qui lui se- » raient nécessaires pour porter secours aux blessés des deux » armées. 18 octobre 1870. *Le Préfet d'Eure-et-Loir*, Emile » LABICHE. »

ORGANISATION DE LA SOCIÉTÉ.

La Société internationale d'Eure-et-Loir fut composée de :

1° Tous les membres du Comité;

2° Toutes les dames du Comité;

3° Tous les médecins et pharmaciens de Chartres;

4° Des aumôniers et d'un commis principal.

5° Des délégués des hospices et ambulances; ces délégués furent désignés dans la séance du 11 décembre. Pour Chartres; Hôtel-Dieu, M. Michel Isambert; — Saint-Brice, M. Stanislas Isambert; — Asile d'Aligre, M. Edmond Foiret; — Ecole Normale, M. Person; — Théâtre, M. Auguste Lefebvre; — Communautés religieuses, M. l'abbé Olivier. — Maisons particulières : canton Sud, M. Paul Damars; — canton Nord, M. de Boissieu; — Maison Vincent et Dames-Blanches, M. Fabrègue, notaire; — Prison, M. Mercier; — Maison Joliet, M. Auguste Lefebvre; — Le Comité des Dames, au Théâtre; — Sœurs de Bon-Secours, M. l'abbé Paty. — Horzains : Béville-le-Comte, Houville, docteur Robin; — Illiers, M. Hermant; — Janville, M. Leroy; — Voves, M. Bigot; — Fains-la-Folie, M. le curé Goussu; — Châteaudun, M. Sence; — Bonneval, M. Jumeau;

— Brou, M. David de Thiais; — Cloyes, M. Isambert; — Orgères, M. le docteur Lescarbault; — Cormainville et Péronville, M. Dreux; — Nogent-le-Rotrou, M. Bailly; — Loigny, M. le curé Theuré.

BRASSARDS.

Les brassards ont été ainsi distribués :

Membres du Comité central de Chartres	24
Comité des Dames	6
Docteurs et pharmaciens	13
Aumôniers	8
Sœurs.	4
Aides-chirurgiens et infirmiers.	23
Délégués des ambulances, préposés, attachés aux hôpitaux.	23
Docteurs horzains.	7
Commis principal.	1

RÈGLEMENT SPÉCIAL.

A la suite des attributions ci-dessus, fut rédigé un règlement particulier pour les ambulances, discuté et approuvé dans les séances des 13, 14, 16, 17 et 19 décembre 1870, puis imprimé et distribué.

EXCURSIONS DES AMBULANCES VOLANTES.

21 et 22 octobre. — Luisant, transport de 5 morts et 25 blessés.
23 octobre. — Jouy, 2 blessés, 10 habitants fusillés.
4 novembre. — Bailleau-le-Pin, Pont-Tranchefétu.
18 novembre. — Courville, 1 malade.
26, 28 novembre. — Châteauneuf, transport de 18 blessés.

6, 7, 19, 20, 22, 23 décembre. — Voyages à Loigny.

14, 15 décembre. — Mondoubleau, blessé prussien ramené.

17 à 21 décembre. — Marchenoir, quelques blessés.

26 décembre. — Maintenon, délivrance Bigot et Champion.

9, 16, 23, 31 janvier. — Beaugency, amenages de vins pour ambulances.

21 à 31 janvier. — Excursion au Mans et villes intermédiaires.

PARTICULARITÉS.

Dès le mois de septembre, vous le savez, Messieurs, l'ennemi avait pénétré sur notre territoire, vers Epernon et Dreux, des mobiles furent envoyés dans cette direction, accompagnés de deux aumôniers, MM. les abbés Robé, vicaire de la cathédrale, et Pâty, professeur à la Maîtrise, devenu plus tard notre collègue au Comité. Après un combat, où ces aumôniers prodiguèrent leurs soins aux blessés, l'abbé Pâty fut arrêté par les Allemands sous un prétexte quelconque et emmené prisonnier à Versailles.

Qu'il me soit permis une digression utile à cet objet.

L'un des moyens auxiliaires les plus puissants que nos ennemis, la Prusse notamment, aient employés avant et pendant la guerre, ce fut un système d'espionnage établi sur une grande échelle, puisqu'il est constaté qu'il y a à cet effet à Berlin un ministère spécial agissant avec un immense personnel sur les quatre parties du monde; à l'époque de l'invasion, et pour faciliter la marche des ennemis, espions et éclaireurs les précédaient avec une sagacité et une ruse bien en opposition avec l'esprit chevaleresque français, poussé, hélas! jusqu'à l'oubli des plus simples précautions : mais l'efficacité de l'engin fait croire à l'imitation, aussi l'ennemi feignait-il de voir dans chaque homme non soldat, un espion ou un franc-tireur, l'abbé Pâty fut une des victimes de ces soupçons injurieux ou calculés.

Séance du 7 octobre. — Résolution d'envoyer à la recherche de l'abbé Pâty.

Séance du 11 octobre. — Remboursement à M. l'abbé Robé, chargé de cette recherche, pour frais de la voiture mise à sa disposition : il est constaté que M. Pâty est fait prisonnier.

Aux indignes traitements subis, aux menaces réitérées d'exécution, ce digne abbé opposa calme, placidité et fermeté, il fut rendu à la liberté après plusieurs semaines d'une captivité inexplicable.

Luisant. — Dès onze heures du matin, le 21 octobre, le matériel de l'ambulance volante était préparé, les chevaux attelés, le personnel, président, aumôniers, infirmiers, commis principal, n'attendaient plus que le signal pour se diriger vers l'emplacement à indiquer; un nombreux convoi de voitures stationnait sur la place des Halles, prêt à nous suivre : rendus à la Préfecture pour recevoir des ordres, nous sommes prévenus, après une longue attente, qu'il y a des pourparlers, qu'une capitulation allait avoir lieu et que nos préparatifs seraient inutiles.

Mais, vers une heure et demie, le Président fut prévenu qu'il y avait morts et blessés sur la route de Luisant; nos voitures s'y transportèrent immédiatement au milieu des obstacles des barricades et après avoir rencontré les docteurs Maunoury, Juteau, Salmon et Martin qui, mal informés, revenaient, nous pénétrâmes jusqu'à la Cavée, accompagnés des docteurs Salmon et Martin, et nous vîmes 5 morts et 25 blessés; les docteurs donnèrent les premiers soins à chaque blessé, et dès cinq heures du soir, toutes les malheureuses victimes étaient transportées à l'Hôtel-Dieu, quelques-unes en la maison Alex. Texier, avant l'entrée d'un corps d'armée qui attendait sur la hauteur l'heure d'entrée fixée par la capitulation.

Jouy. — Le 23 octobre, sur l'avis qu'il y avait de nouvelles victimes à Jouy, deux voitures s'y rendirent : deux blessés restaient aux soins de leurs familles, et dix malheureux habitants avaient été fusillés et gisaient sur place.

Pont-Tranchefêtu. — Le 4 novembre, au bruit de la canonnade, et sur l'avis donné par le docteur Salmon, que le docteur Martin et lui se dirigeaient vers Saint-Georges et Illiers, nous requîmes plusieurs voitures qui partirent les unes par la route de Thivars, les autres par la route d'Illiers; à notre sortie, après la ferme des Granges, nous vîmes disposée une batterie d'artillerie et des éclaireurs échelonnés sur toute la route par postes isolés et par compagnies; arrivés au Pont-Tranchefétu, nous nous trouvons au milieu d'un régiment d'infanterie, armes en faisceaux; sur la hauteur, de chaque côté de la route, étaient deux autres batteries d'artillerie. Opposition du colonel à notre marche en avant, en alléguant que nous ne pouvions traverser leurs lignes et que d'ailleurs nos cartes n'étaient pas en règle, la commandature ne les ayant pas visées; nous ne pûmes gagner les hauteurs qu'en acceptant deux soldats dans chacune de nos voitures; là, ne voyant, n'entendant plus rien, nous redescendîmes pour revenir à Chartres; même condition imposée pour notre retour, nous résistâmes, et la ferme volonté morale triompha de l'arbitraire en armes, nous revînmes sans admettre dans nos propres voitures l'escorte imposée.

Mais il est résulté de cet empêchement que dans le cas d'un engagement sérieux, ou nous ne pourrions traverser les lignes ennemies, ou nos convois seraient accaparés; néanmoins, nous nous mîmes en règle en faisant viser nos cartes par l'autorité allemande, du reste formalité de rigueur.

Courville. 18 novembre. — A notre arrivée à Courville, même difficulté pour passer outre, il y avait eu engagement la veille, morts et blessés étaient signalés. Cependant un major, brassard au bras, envoyé par le colonel d'un régiment de cavalerie posté à un kilomètre de Courville, vint nous signifier qu'il consentait à nous accompagner pour aller demander satisfaction à l'égard de deux blessés prussiens enlevés, menaçant de représailles la ville de Chartres au cas de refus de livraison. Il fut répondu que nous n'agirions pas sous la menace et que nous ne consentirions pas à nous laisser accompagner, et, malgré son insistance, nous revînmes; le piège tendu d'espionnage était cette fois trop transparent; nous n'amenâmes qu'un jeune soldat malade.

Loigny. Bataille du 2 décembre. — Le 2 décembre, jour de la sanglante bataille de Loigny, un bruit continuel d'artillerie, dans la direction du sud, attira notre attention, pouvions-nous diriger de ce côté nos voitures, même obstacle, même résistance ne nous occasionneraient-ils pas encore des déceptions d'autant plus fâcheuses qu'elles pouvaient accuser notre impuissance et fournir à nos ennemis des réquisitions sur place, au détriment des blessés de notre armée? Nous ignorions la distance et le résultat de ce combat, notre attente était pleine d'anxiété, car aucune nouvelle ne nous parvenait, Chartres était enlacé par des factionnaires placés de distance en distance, ne permettant la sortie de la ville qu'au moyen d'un laisser-passer souvent difficile à obtenir; le service de la poste étant supprimé, toute communication était interdite.

Enfin, le 5 décembre, arrive chez le Président M. le curé de Loigny, muni d'une lettre de M. Beaumetz, chirurgien-major, réclamant des secours immédiats pour les nombreux blessés dépourvus de toute espèce de ressources, même alimentaires.

Jusque-là notre sollicitude s'était concentrée sur les blessés de Luisant, déposés à l'Hôtel-Dieu et à la maison Texier, et sur les convois de prisonniers qui se succédaient; mais à partir du 5 décembre, la sphère de notre mission s'agrandit, notre Société revêt un caractère éminemment hospitalier, chacun de ses membres est appelé à redoubler d'activité par un concours personnel et à s'ingénier à se créer des ressources que la difficulté des temps et des circonstances rendait si difficiles à se procurer, le Comité se mit à l'œuvre espérant bien ne pas faillir à son devoir ni à sa destination.

Loigny est à 44 kilomètres de Chartres, avec hameaux encore plus éloignés, le zèle rapproche les distances. Tout le personnel et le matériel sont immédiatement commandés, et dès le lendemain, 6 décembre, chacun de se rendre sur le lieu du combat, membres du Comité, médecins, infirmiers, volontaires, voitures garnies de toutes provisions: pain, vin, viande, café, sucre, eau-de-vie, bougie, tabac, trousse, matelas, brancards; des appels sont faits sur toute la route. Nulle difficulté d'accès, à Orgères, cependant, quelques obstacles; plus loin, vive résistance d'un officier de cavalerie commandant un escadron en vedette. Il est de notre justice de constater l'utile intervention du comte de Kleist, président général des ambulances prussiennes, en résidence à Chartres, qui s'était proposé de s'adjoindre à nos ambulances volantes; ayant sollicité le concours de M. le Maire de Chartres pour l'accompagner, celui-ci lui indiqua le Président du Comité, qu'il invita à accéder à cette demande; cette entente contribua à aplanir toutes difficultés, non pas cependant sans subir l'obligation de laisser à Orgères quelques-unes de nos voitures aux exigences des Prussiens. A notre arrivée vers le soir à Loigny, quel déchirant spectacle se présente à nos yeux, des blessés entassés dans les maisons, dans l'église et dans le presbytère, manquant de tout, même d'eau, mourant de faim et de froid ; le champ de bataille encore parsemé de morts et de débris, puis aux environs, des multitudes entassées dans les granges, depuis quatre jours, privées de vivres. Que pouvaient contre tant d'infortunes les dévoués chirurgiens-majors avec quelques aides sous leurs ordres, ne connaissant ni repos ni sommeil, dépensant en activité tout ce que peuvent le cœur et le courage, mais la rapidité du temps surpassait encore la promptitude et la multiplicité des secours et des pansements.

Dès le soir même, à la lueur de la lune, avec le concours d'un aumônier de régiment, nous expédiâmes vers Voves, avec les provisions de voyage, plusieurs voitures de blessés transportables.

De jour en jour, cette immense quantité de blessés, évaluée à plus de deux mille six cents, fut transportée par des convois venus de Janville le 4, de Bonneval le 5, de Chartres le 6, d'Illiers et d'autres localités, et répartie dans les ambulances des cantons d'Orgères, Voves, Janville, Bonneval, Châteaudun, Illiers et surtout dans les ambulances de Chartres qui en recueillirent la majeure partie.

Cependant un major bavarois commandant un détachement de soldats d'ambulances, arrêtait, après notre passage, nos voitures en retard; avis nous en fut donné, et dès le lendemain, le président et M. Auguste Lefebvre, vice-président, durent se rendre auprès de lui pour parlementer; tout ce qu'on put obtenir, c'est qu'il y aurait partage des convois alternativement entre les blessés de chaque nation, et pour faciliter cette convention, M. Lefebvre, ce jour-là, resta à Orgères, le président le remplaça le lendemain.

Constatons ici l'état de délaissement où étaient les blessés ennemis, amenés à Orgères, nous les trouvâmes dans une situation bien autrement déplorable, sous le rapport médical, que les nôtres, accumulés dans plusieurs maisons, sans chirurgiens, sans aumôniers, sans infirmiers, exhalant une odeur cadavérique, et n'attendant, pour être transportés, que nos charrettes insuffisantes, alors que plus de vingt chariots d'ambulances stationnaient dans l'auberge voisine.

Avant de présenter sous vos yeux le tableau de chacune des ambulances de Chartres et de celles relevant de notre Comité, nous allons poursuivre le récit de nos excursions avec les particularités qui s'y rattachent.

14 et 15 décembre. Voyage à Mondoubleau. — Demande par le comte de Kleist, et remise entre ses mains d'un de ses parents, jeune lieutenant de hussards, gravement atteint d'un coup de feu à l'épaule : loyale exécution de la convention de Genève, suivie, avouons-le, de quelques actes de réciprocité et de promesses de respecter nos ambulances; mais violée sous un autre chef prussien : nous reportons plus loin, à l'article, Convention de Genève, les faits s'y rattachant. Le 26 décembre précédent, voyage à Maintenon pour délivrance de MM. Bigot, maire de Voves, et Champion, pâtissier, emmenés prisonniers en Allemagne.

Les 17 et 21 décembre, Marchenoir, Beaugency :

Cette excursion faite à la sollicitation de beaucoup de parents et de familles, dont les fils, gardes mobiles d'Eure-et-Loir, avaient combattu, fut dirigée par le secrétaire de la Présidence, M. Charpentier, qui en a donné la relation très-intéressante et détaillée dans la séance du 21 décembre; ce voyage eût été peu fructueux puisqu'il n'a procuré que cinq blessés du département, s'il n'avait été utilisé, suivant les recommandations du

Président et de M. Michel Isambert, par des démarches auprès des vignerons de Beaugency pour achats de vins, négociés avec habileté par le commis principal.

Les 1er et 2 janvier, voyage du Président à Meslay-le-Vidame pour installation des blessés dans le château, puis à Loigny.

Les 5 au 9, 11 au 16, 20 au 25, 27 au 31 janvier, voyage à Beaugency pour achats de vins.

Ces voyages exécutés par les voitures de réquisitions et sous la conduite de M. Milan, commis principal de nos ambulances volantes, ont eu pour résultat d'amener dans les caves de l'Hôtel-Dieu de Chartres, pour les besoins des ambulances, 150 pièces de vin, au prix tout rendu en cave, tous frais déduits, de 65 fr. 15 c. la pièce. C'est ici l'occasion de mettre en évidence les bons offices du commis principal qui a su mener à bonne fin, au milieu de l'invasion allemande et moyennant prix modique, une entreprise pleine de hasards et de dangers et surtout d'une extrême fatigue en raison de la précipitation des voyages et de la neige, et en traitant lui-même avec les marchands de Beaugency.

Du 21 au 31 janvier, excursion au Mans sous la conduite de M. Paul Charpentier.

Le Comité, dans sa séance du 20 janvier, a admis à siéger, MM. le baron de Bussierre, docteur Remilly et de Bammeville, délégués d'une œuvre spontanément organisée à Versailles pour porter spécialement des secours aux blessés des armées de la Loire. Après l'exposé par M. de Bussierre de ce projet de secours aux blessés éparpillés dans diverses localités, de Chartres au Mans et environs, le Comité, donnant son entière approbation à cette heureuse pensée, déclare s'y associer, et il décide qu'il prendra part à cette expédition, en fournissant trois voitures pour compléter le convoi et transporter jusqu'au Mans les secours en nature et le linge fournis par les délégués de Versailles, et il désigne M. Charpentier pour diriger le convoi chartrain avec mission de coopérer aux visites des ambulances horzaines et au soulagement de leurs besoins, et principalement de recueillir tout renseignement possible sur les soldats et gardes mobiles de notre département.

Dans la séance du 1er février, notre honorable délégué rend compte de son excursion au Mans, accompagné de MM. Gallas et Emile Gilbert-Barrier, adjoints volontaires. Arrivé au Mans le 26 janvier, il trouva deux mille blessés français, dix-huit cents avaient été évacués par l'armée française lors de la prise du Mans; nos blessés étaient répartis entre quatre-vingts ambulances qu'il visita pendant trois jours; il effectua son retour par Connerré et, arrivé à Chartres le 31 janvier, il déposa au Comité une somme de 500 fr., offrande des délégués de Versailles.

D'actives recherches ont permis à M. Charpentier de fournir des indications sur 150 jeunes gens d'Eure-et-Loir, dont un tableau lithographié a facilité les renseignements pour beaucoup de familles.

Il serait difficile d'analyser ce rapport, résumé de démarches multipliées, de faits et d'appréciations qui font honneur à la sagacité de notre délégué et qui resteront consignés dans notre registre comme un témoignage d'un actif concours qui a mérité les remerciements et l'approbation unanimes du Comité.

D'autres voyages ont été effectués dans diverses ambulances et pour diverses causes sans mention particulière à relater.

PRISONNIERS DE GUERRE.

Outre les malades et les blessés des deux armées, notre ville et notre Comité ont eu la douleur de voir arriver de nombreux prisonniers, en novembre, décembre, janvier et février. Dans les séances du Comité des 22 novembre, 1er et 23 décembre, 6, 7, 13, 14, 16, 18, 19, 20, 23, 25 et 26 janvier, 2, 6, 7, 9, 13 et 14 février, ont été prises des résolutions relatives à ces convois de prisonniers.

Parmi les convois qui passèrent par Chartres, ce fut celui du 4 décembre qui offrit à nos regards le spectacle le plus émouvant et le plus navrant. Pendant une heure, de dix heures et demie à onze heures et demie, par une nuit éclairée par la pleine lune, défila en notre présence sur la place des Epars, une longue suite de malheureux prisonniers, au nombre d'environ 1,800, provenant de Loigny, exténués de fatigue, mourant de faim, de soif, de sommeil et de froid, les vêtements en lambeaux, les pieds nus ou à peine chaussés, succombant sous le poids de tant de fatigues réunies, n'avançant que poussés à coups de plat de sabre ou de crosses de fusil, plusieurs étaient restés en route maltraités et mourants; enfin, tous, jusqu'aux derniers arrivés, se traînèrent vers la manutention où ils furent déposés vers minuit. Dès qu'ils furent étendus sur la paille, la ville de Chartres pourvut à la nourriture de ces malheureuses victimes qui trouvèrent dans les sœurs de Saint-Michel et de Saint-Paul, dans le concours des dames du Comité et l'assistance de M. l'abbé Pâty, non moins que dans l'intervention des membres de notre Comité, un efficace reconfort à leurs besoins et à leurs souffrances, nourriture, linge, chaussures, vêtements, tabac, échange contre argent des mandats de poste, rien ne fut épargné pour venir en aide à ces infortunés.

Inutile de reproduire la vive altercation survenue entre le capitaine du poste et notre président, relativement à l'entrée libre de plusieurs membres du Comité et de la sienne, la commandature ayant admis ce droit, sur notre demande, au point de vue de la satisfaction à donner à l'exécution de la Convention de Genève, concession plutôt illusoire que réelle, puisque le lendemain, malades et blessés, à peu d'exceptions près, étaient emmenés.

A leur départ, appel fut fait à la charité publique qui sempressa de leur fournir des vivres à leur passage; mais au défilé par la place des Epars, l'escorte exerça contre les donateurs des sévices qui ajoutèrent à l'horreur d'une inhumanité inutile.

Les autres convois, quoique non moins tristes, ne présentèrent pas un ensemble de tant d'infortunes, excepté celui du 22 décembre, composé de 200 prisonniers enlevés le même jour des ambulances de Cloyes et arrivant exténués de faim et de fatigue. Mais attestons que sur ce nombre, 72 malades ou blessés furent, sur nos réclamations, emmenés dans nos ambulances.

Nous évaluons à sept mille le nombre des prisonniers passés par Chartres.

Plusieurs membres du Comité obtinrent, par la suite, des laisser-passer pour entrée libre; la remise dans nos ambulances de malades et blessés incapables de poursuivre leur chemin, peut être évaluée à 400, cependant, ce chiffre est bien inférieur à celui que l'exécution de la Convention de Genève aurait dû nous accorder; en vain, nous disions à l'autorité allemande : « A vous les prisonniers, à nous les blessés. » Notre appel ne fut pas entendu pour les premiers convois de novembre et des premiers jours de décembre; par la suite, les refus ne furent pas aussi impératifs ni aussi absolus.

Il n'est pas inutile de reproduire ici une des lettres adressées à la commandature pour réclamer les malades et blessés faits prisonniers :

« *Le Président du Comité à M. le Commandant de place*,

» 22 décembre 1870.

« Monsieur le Commandant : Près de 200 prisonniers sont en ce moment déposés à la Manutention; parmi eux, il s'en trouve beaucoup pris dans les ambulances et couverts de blessures non soignées. Avant d'appeler votre attention sur la position de chacun, j'ai prié un docteur consciencieux et sévère, M. Salmon, de procéder à leur examen, sous mes yeux; voici le résultat de cet examen et les noms des blessés qui doivent être déposés dans nos asiles hospitaliers et dans nos ambulances (suit la liste de ces blessés). Monsieur le Commandant, j'ai visité tous ces blessés sortis pour la plupart de l'ambulance de Cloyes : vous savez par expérience comment l'ambulance de Chartres et en particulier son président, ont compris et appliqué les devoirs de la Convention de Genève, vous n'hésiterez pas à agir de réciprocité à notre égard, et après examen fait par un de vos médecins, vous voudrez bien me permettre de faire emmener tous ces blessés dans nos ambulances, pour leur donner les soins que leur état comporte. »

Le 6 janvier 1871, autre réclamation du même genre. Constatons que satisfaction nous a été donnée.

AMBULANCES FIXES.

Cette affluence de blessés, de malades et de prisonniers venaient encombrer notre ville et accroître la masse des blessés surtout de ceux de l'armée ennemie, qui occupaient : la moitié de l'Hôtel-Dieu, la Gendarmerie, la Caserne, l'Embarcadère, la Cour d'Assises, le Collége, les Ecoles des Frères, la Prison, plusieurs maisons du boulevard Chasles, la Salle Sainte-Foi et les Ecoles communales de filles.

Nos ambulances s'établirent dans l'autre moitié de l'Hôtel-Dieu, aux Hospices de Saint-Brice, de l'Asile d'Aligre (Josaphat), à l'Ecole normale, au Théâtre, aux grand et petit Séminaires, dans les maisons Rouillon, Roussillon, Joliet, Vincent, Mauger, Marcotte, demoiselle Girard, chez les Sœurs de Saint-Paul, de Notre-Dame, de la Providence, des Dames-Blanches, de la Visitation, de Bon-Secours, et dans les maisons particulières.

La première occupation du Comité, après l'installation de toutes les ambulances, fut d'indiquer les membres délégués chargés d'organiser tous les services et de rédiger un règlement spécial à ses opérations, ainsi que nous l'avons déjà mentionné. Avant de passer en revue chacune de nos ambulances, en relatant ce qui s'y rapporte et citant les noms des personnes qui se sont dévouées à cette mission laborieuse et parfois bien difficile, disons comment nous avons pourvu au mode de placement des blessés ou malades au fur et à mesure de leur arrivée.

PLACEMENT DES MALADES ET BLESSÉS.

Séance du 1er décembre. — Cette fonction, l'une des plus délicates et des plus épineuses, fut confiée aux soins de l'un des membres du Comité, M. Michel Isambert; elle eut pour objet d'assigner à chaque blessé ou malade, selon le genre ou la gravité du mal, l'ambulance où il devait se rendre à son arrivée, puis d'effectuer son transport dans telle autre, selon le degré de guérison, la nature de la maladie, l'état du sujet; d'enlever et répartir les prisonniers délivrés comme malades, de désigner les locaux ou édifices jugés convenables pour ambulances.

Le 31 décembre 1870, ce délégué recevait du Président du Comité la lettre ci-relatée :

« Monsieur, dans sa réunion d'hier, le Comité, se préoccupant du présent et de l'avenir de nos ambulances et du nombre croissant des blessés, a exprimé le désir que le Président usât du droit de réquisition qui lui a été conféré par l'administration départementale, de désigner les maisons susceptibles de fournir des lits et les emplacements propices.

» Comme c'est vous, Monsieur et cher coopérateur, qui avez reçu la mission spéciale d'indiquer ces emplacements et de les requérir, je vous prie de prendre toutes les dispositions nécessaires pour désigner d'office les maisons les plus spacieuses et notamment les pensionnats en ce moment à peu près vacants, sauf à leurs propriétaires à profiter ultérieurement de l'allocation de 1 franc par jour pour blessé, accordée par le Ministre de la guerre sur le budget de l'Etat. »

Ajoutons que cette mission a été accomplie à la satisfaction générale, que, quels qu'aient été le nombre des arrivants, l'état du malade et le défaut de local, notre délégué a su pourvoir instantanément à tout, et qu'il s'est acquitté de sa tâche avec un discernement et une promptitude d'exécution qui n'ont rien laissé à désirer à cette importante partie de nos attributions, mettant lui-même, en outre, ses chevaux et voitures en réquisition pour la bonne direction de ces opérations.

AMBULANCES DE CHARTRES.

Séances du 11 au 15, 19, 21, 27, 29, 30 et 31 décembre, 2, 6, 7, 9, 10, 12, 14, 17, 21, 23 à 28, 30 et 31 janvier, 1 à 4, 7, 15, 16, 20, 23, 24, 27 février, 6, 12, 15, 22 mars, 4, 13, 28 avril, 2, 9, 16, 23 et 30 mai, 6, 15 juin, 19 juillet, 3, 10, 17 août, etc.

Les délibérations ci-dessus datées pourront être consultées avec intérêt, mais il nous paraît inutile de les relater dans ce rapport.

1. HOTEL-DIEU.

Séances : 28 octobre, 14 janvier, 1 et 2 février, 4 avril.

Délégué : M. Michel ISAMBERT.

Délégué-Adjoint : M. DE SAINTE-BEUVE, secrétaire-général de l'Hôtel-Dieu.

Docteurs : MM. SALMON, MAUNOURY, ROCQUE, VOYET père et fils.

Aides et Infirmiers : MM. ALLAIN, PORCHER, BONJEAN, TUVACHE, DARREAU, NOURY, PAUGOUÉ, RICHER, CAPELET, THOMAS, BELOUIN, Paul LUCOT.

Agent comptable : M. MARTIN.

L'Hôtel-Dieu et sa succursale, l'Hospice de Saint-Brice, ayant produit un seul titre pour leurs entrées, journées et décès, nous allons les consigner ici, dans cet ensemble et sans distinction.

Entrées aux deux hospices, 931. — 197 décès.

Journées *id.*, en 1870, 13,228; en 1871, 19,534. Total, 32,762.

Sommes payées aux deux hospices : en 1870, 16,583 fr.; en 1871, 24,000 fr. Total, 40,583 fr.

Rapport de M. le Délégué.

« MM. les administrateurs de l'Hôtel-Dieu ont pu continuer leur œuvre pendant l'occupation allemande, ils ont acquitté, sans l'intervention du Comité, tous les frais occasionnés par les blessés et les malades qui y ont été soignés, comme aussi ils ont reçu directement l'indemnité allouée par l'Etat. Le délégué du Comité n'avait pas à rendre un compte spécial de cette gestion, mais il a à fournir un rapport sur tout ce qui intéresse les blessés qui n'ont jamais été séparés de ceux soignés dans nos ambulances.

» Dès le mois d'octobre, cet établissement recevait les morts et blessés de l'attaque de Luisant, auxquels M. le Président venait fréquemment distribuer du tabac et autres objets utiles.

» Dans le même mois et deux jours après l'occupation de la ville par les Allemands, l'aile sud de l'hôpital est complétement envahie par eux pour y installer leurs malades et leurs blessés; quelques jours après, les Allemands voulaient s'emparer du surplus, mais grâce à l'énergie de Mme la Supérieure, sœur Pélissier, et de MM. les administrateurs, ils durent renoncer à ce projet.

» Des blessés français ayant été amenés par les Allemands dans les salles occupées par eux, Mme la Supérieure se rendit, accompagnée de M. l'administrateur de service, auprès du Commandant de place allemand, pour lui demander la séparation des blessés et malades des deux armées; après de longues discussions, le Commandant consentit à cette séparation et plus tard à l'installation des ambulances séparées, avantages très-précieux qui n'ont été obtenus que dans notre ville et dans celle de Saint-Germain-en-Laye.

» En novembre, l'aile nord de l'hôpital était complétement remplie de malades français; mais à partir de la malheureuse bataille de Loigny l'hôpital devint insuffisant, malgré l'installation, le 6 décembre, d'une succursale de cent lits à l'hospice de Saint-Brice.

» Tous les services médicaux et de chirurgie sont chargés outre mesure, les docteurs Salmon et Maunoury reçoivent dans leurs salles un nombre triple de blessés; aux services de médecine des docteurs Voyet père et Rocque, déjà encombrés de malades atteints de scarlatine, de varioles et de fièvres typhoïdes, est adjoint et confié au docteur Voyet fils, un service spécial de chirurgie de 60 lits, dans une grande salle du rez-de-chaussée tout récemment appropriée en vue des événements de la guerre.

» MM. les chirurgiens et médecins n'ont cessé de donner des preuves de zèle, de dévouement et de désintéressement; des soins intelligents ont été constamment prodigués par eux à toute heure de jour et de nuit, ce qui est d'autant plus méritoire, qu'à notre connaissance, en dehors de l'établissement, chacun d'eux était chargé dans des ambulances ou maisons particulières d'un nombre considérable de blessés. Il est constant que pendant les mois de décembre, janvier, février, mars, le nombre des malades et blessés confiés aux médecins de l'hôpital n'est jamais descendu, pour chacun d'eux, au-dessous de cent, et même que ce nombre a souvent été dépassé.

» Je me fais un devoir de vous rappeler les diverses opérations chirurgicales, les amputations faites par MM. Maunoury, Salmon, Rocque et Voyet fils, les appareils apposés par eux et leurs succès dans ces diverses opérations. Je dois ajouter qu'ici, comme partout ailleurs, les Sœurs ont donné des preuves persévérantes d'un dévouement et d'une sollicitude admirables, qu'elles ont multiplié leurs soins et leurs veilles à tel point que quelques-unes ont dû à d'excessives fatigues, de graves maladies, dont elles sont à peine rétablies. M. l'abbé Boucher, aumônier de l'Hôtel-Dieu, a multiplié ses soins soit au chevet du lit des malades, soit en leur rendant les derniers devoirs, avec cette bonté toute paternelle qui le distingue.

» Plusieurs aides, MM. Porcher, Allain, Paugoué, Richer, Capelet, Thomas, Tuvache, Darreau, Noury, Bonjean, Belouin, Lucot, ont prêté à MM. les docteurs un concours très-actif et fort intelligent, ils ont aidé, ils ont souvent fait eux-mêmes les pansements. Des remerciements doivent leur être adressés, et le Comité, pour leur témoigner sa reconnaissance, pourrait leur remettre des médailles.

» Je ne vous parlerai pas de l'évacuation de nos ambulances opérée en huit jours seulement avec le concours actif et dévoué de M. Martin, employé au secrétariat de l'Hôtel-Dieu, qui n'a jamais su remettre au lendemain le travail que la nuit lui permettait d'exécuter. »

Ajoutons à ce rapport circonstancié que les éminents services de nos docteurs ont reçu un témoignage digne d'eux, par la décoration de la Légion-d'Honneur décernée, le 21 octobre 1871, à MM. Maunoury et Salmon; M. le docteur Rocque devra compter parmi ses titres à cette distinction ultérieure, les heures si utilement passées auprès de nos blessés et les habiles opérations auxquelles les amputés ont survécu. Il sera aussi fait mention de l'assistance de ce dévoué docteur à Loigny.

M. le docteur Voyet, non moins que son père, s'est livré tout entier aux soins de l'une des salles de l'hospice, c'est un noble et généreux début de sa carrière.

M. Martin a activement aidé M. Michel Isambert dans le placement et l'évacuation des malades et blessés, il a été chargé de la comptabilité relative aux feuilles nominales et relevés numériques, sans cesser de vaquer aux occupations de son emploi, les nuits, comme l'a dit M. le délégué, suppléant à sa double mission.

Quant à M. de Sainte-Beuve, nous l'avons vu avec nous, ramassant les morts et les blessés à Luisant, se mettant, en toute circonstance, à la disposition du Comité.

Particularités. — Le 1er février, don à l'Hôtel-Dieu, par l'ambulance anglaise de passage à Chartres, d'une boîte d'instruments de chirurgie portant l'écusson du duc de Chartres, pour les médecins qui soignent les blessés.

2. HOSPICE DE SAINT-BRICE.

Délégué : M. Isambert (Stanislas).
Docteur : M. Juteau.
Aides et Infirmiers : MM. Louchard, Emile Gilbert; Vallerand, Martin (de l'établissement).

Il résulte du rapport de M. le délégué, du 24 avril 1871 : « . . . . . . Que grâce à l'ordre admirable qui règne à Saint-Brice, et au zèle des sœurs aussi dévouées que charitables, nulle part les blessés n'ont été mieux soignés.....

» M. le docteur Juteau a donné les soins les plus assidus et les plus intelligents, et depuis cinq mois il fait preuve d'un grand désintéressement et d'un dévouement exemplaire, renouvelant ses visites plusieurs fois par jour. Je pense que le Comité lui adressera un témoignage de reconnaissance. MM. Louchard et Emile Gilbert lui ont prêté un concours actif; ils pansaient eux-mêmes chaque matin les plaies les plus dangereuses, leurs soins ont été administrés avec tant de tact et d'une façon si touchante, que ces Messieurs sont devenus bien vite les amis des blessés, je désire vivement que le Comité leur adresse une lettre de remerciements pour le bien qu'ils ont fait et pour les services rendus à l'ambulance de Saint-Brice.

» Deux infirmiers se sont surtout fait remarquer par leur zèle...., ce sont les nommés Vallerand et Martin, occupés habituellement à l'hospice, mais en considération de leurs services exceptionnels depuis cinq mois, je crois qu'il serait convenable de leur accorder une gratification.

» Sur les 143 blessés admis à Saint-Brice, 99 ont quitté l'ambulance après guérison, 33 ont succombé, 11 reçoivent encore des soins; sur ces derniers, 2 ou 3 donnent une certaine inquiétude.

» M. l'abbé Bordier, l'estimable aumônier de Saint-Brice, a été d'une grande bonté pour les blessés, les visitant, leur prêtant des livres, relevant le courage des plus souffrants; tous les malades étaient heureux de s'entretenir avec lui, et ceux qui ont succombé loin de leurs familles, ont trouvé près de ce pieux et bon abbé, bien des consolations. Il ne faut pas oublier la vénérable sœur Valentine, véritable mère des pauvres et des blessés, son souvenir est dans tous les cœurs. »

Particularités. — M. le Délégué, dans la séance du 18 janvier, prévient que M. Paul de Marnas a succombé dans la soirée du 17, aux suites de sa blessure; alors M. Paul Charpentier expose la carrière de M. de Marnas, substitut à Fontainebleau, qui quitta son siége de magistrat pour concourir à la défense de son pays et s'engager dans un bataillon de chasseurs à pied; grièvement blessé sous les murs de Metz, il parvint, à peine guéri, à s'échapper après la capitulation, ce fut pour rejoindre son corps; mais il fut atteint à Loigny d'une balle qui lui fit à la cuisse gauche une large blessure qui, après six semaines de souffrances noblement supportées, a entraîné la mort. M. de Marnas avait obtenu par son courage le grade de sous-lieutenant et la croix de la Légion-d'Honneur.

3. ASILE D'ALIGRE.

Délégué : M. Edmond Foiret, administrateur.
Docteur : M. Corbin.
Infirmières : Trois sœurs de Saint-Paul.

Entrées : 160. — 2 décès.
Journées : en 1870, 2,566; en 1871, 6,445. Total, 9,011.
Sommes payées : en 1870, 2,572 fr. 50; en 1871, 6,451 fr. 50. Total, 9,024 fr.

Extrait du Rapport de M. le Délégué.

« ...... M. le docteur Corbin, médecin de l'établissement, prit dès le premier jour la direction du service médical; ses visites et traitements de chaque jour, les soins que multiplièrent Mme la Supérieure de l'Asile et les sœurs préposées aux salles d'ambulance, ramenèrent promptement à la santé la plus grande partie des soldats blessés ou malades.

» Les 9, 10, 11 mars tous les soldats valides ont été dirigés sur les villes de Laval et de Rennes, il ne restait à cette date que douze hommes encore souffrants qui ont quitté à la fin de mars et aux premiers jours d'avril.

» 45 soldats guéris avaient été faits prisonniers.

» Il a été délivré à chaque homme un certificat signé de M. le docteur Corbin et de M. le Président du Comité, attestant les jours d'entrées et de sorties, la blessure ou l'affection dont il était atteint; ceux qui ont été enlevés comme prisonniers n'ont pu le recevoir, leur titre déposé au secrétariat de l'asile leur sera délivré sur leur demande. »

Particularité. — Soldats blessés enlevés de cette ambulance; cette violation à la Convention de Genève sera l'objet d'un article spécial.

4. ÉCOLE NORMALE.

Délégués : M. et Mme Person.

Docteurs : MM. Lelong (Jules) et Lelong (Marcel).

Aides et Surveillants : MM. Lelong fils, Renault et les deux élèves Brosseron et Nalot.

Infirmières : Quatre sœurs de Saint-Paul, la sœur Amélie, supérieure.

Aumôniers : MM. Langlois, Duteyeul, Paty.

Comptable : M. Laigneau, maître adjoint à l'Ecole normale.

Entrées : 97 blessés. — 19 décès.

Journées : en 1870, 1,514; en 1871, 4,217. Total, 5,731.

Sommes payées : en 1870, 1,566 fr.; en 1871, 4,288 fr. 50. Total, 5,854 fr. 50.

Nous reproduisons ici les extraits principaux du rapport du délégué de l'ambulance de l'Ecole normale, dans lequel M. Person, en signalant le concours de tant de dévouements, n'oublie que son propre dévouement et que celui de Mme Person, sa digne auxiliaire.

« L'ouverture des ambulances françaises de Chartres correspond à la période la plus héroïque en même temps que la plus douloureuse de la défense nationale de la France dans notre contrée, période dans laquelle se placent, après les engagements d'Epernon et de Chartres, les batailles de Loigny et de Marchenoir, ainsi que les combats qui eurent lieu à Morée, à la Fourche, à Connerré et au Mans.

» C'est dans tous ces lieux, qu'à travers les lignes prussiennes, la Société alla relever ou rechercher les siens, pour en ramener le plus grand nombre possible à Chartres après leur avoir préalablement préparé ou l'asile des hôpitaux et d'un certain nombre de maisons conventuelles, ou l'hospitalité des maisons particulières et de deux grands établissements publics : Théâtre et Ecole normale. Libre alors de toute occupation allemande, l'Ecole de Chartres put devenir une véritable succursale militaire de l'Hôtel-Dieu.

» La direction de l'Ecole normale, pourvue des autorisations de M. l'Inspecteur d'Académie, se prêta, bien entendu, avec empressement au service qu'on attendait d'elle.

» Pourtant l'Ecole normale n'avait plus à sa disposition la literie des élèves, enlevée par les Prussiens pour en garnir leurs propres ambulances; mais grâce aux généreuses assistances de l'administration municipale, de la Société de secours et des familles de la cité, tous les locaux de l'établissement furent bientôt pourvus ou d'appareils de chauffage et d'éclairage, ou de fourneaux et de batterie de cuisine ou des lits garnis de paillasses et de matelas, de draps et de couvertures, qui furent installés et répartis dans les salles d'études et dans les dortoirs.

» A partir du 8 décembre 1870, jusqu'au 14 mars dernier, époque à laquelle il nous fallut déverser nos derniers blessés à l'Hôtel-Dieu, pour préparer la rentrée de nos élèves, *quatre-vingt-seize* malades vinrent occuper notre hôpital, dont le service, pour le personnel de secours et d'assistance, fut organisé ainsi qu'il suit.

» Le service médical et chirurgical fut confié à MM. les docteurs Lelong, neveu et oncle, assistés dans les opérations et pansements, par les deux fils de l'un et cousins de l'autre; de telle sorte que ce service, dans lequel furent déployés tant d'habileté et tant de zèle, devint l'affaire d'une famille dévouée sous la haute notoriété scientifique de l'un de ses membres, M. Marcel Lelong.

» Quatre dames de la communauté de Saint-Paul se chargèrent ensuite du service hospitalier proprement dit, et présidèrent à toutes les assistances que devaient recevoir les médecins, à toutes les suites à donner à leurs prescriptions quotidiennes, ainsi qu'à tous les soins nécessités par l'alimentation, les renouvellements de linge et tous autres détails de l'administration économique.

» La sœur Amélie, supérieure de ses trois pieuses auxiliaires, devint alors la véritable directrice de l'ambulance, de par son intelligence et son autorité propre et surtout de par sa charité.

» Les influences si efficaces de l'intervention ecclésiastique furent apportées à notre ambulance, non-seulement par les visites dont l'honorèrent dans leur haute sollicitude et Monseigneur lui-même et différents membres du clergé diocésain, mais aussi par les soins réguliers et suivis d'une aumônerie qu'exercèrent M. l'abbé Langlois, aumônier de l'Ecole; M. l'abbé Pâty, qui avait fait son œuvre des secours à donner aux malades à l'hôpital quand ce n'était plus sur le champ de bataille, et aussi M. l'abbé Duteyeul, aumônier du collége, cet autre courageux prêtre, qui voulait bien encore suppléer le directeur de l'Ecole quand les besoins du service exigeaient que le délégué s'absentât un moment de l'établissement.

» Tel était le service de l'assistance donnée par les personnes à notre ambulance, service auquel voulurent bien concourir aussi les familles généreuses et bienveillantes qui apportaient à l'Ecole, lits, draps, couvertures et linge; vin, fruits et tabac, et dont nous tiendrons à honneur de dresser la liste dans l'une des annexes de ce rapport.

» Et quoique nous ne voulions guère parler ici du personnel fourni dans l'assistance hospitalière de notre Ecole normale par l'Ecole normale elle-même, il nous faut bien cependant mentionner l'un de nos maîtres, M. Laigneau, qui tint toutes les écritures de la dépense et de la comptabilité; l'un de nos jeunes instituteurs, M. Renault, qui, chaque jour, recueillit sous la dictée du médecin les notes chirurgicales de l'ambulance; et deux autres élèves, Brosseron et Nalot, qui allaient et venaient la nuit surtout dans les dortoirs pour veiller à la ponctuelle exécution des soins et de surveillances.

» Cependant ce personnel, quelque dévoué et quelque nombreux qu'il fût, ne suffisait pas encore aux besoins du service.

» Quoiqu'ils pussent y être réclamés à quelque heure que ce fût du jour et de la nuit, ni les médecins, ni les aumôniers ne restaient pas, bien entendu, à poste fixe à l'Ecole; et les sœurs arrivaient de la communauté le matin et s'en retournaient le soir; et il y avait en outre des soins que ne pouvaient donner les seuls élèves de l'Ecole normale. Il fallait donc confier le service de chaque dortoir ou de chaque salle où on isolait les affections contagieuses, à un infirmier rétribué et rétribuer aussi les agents de la cuisine, du lessivage et des gros ouvrages de la maison, d'où, en raison du nombre des soins multipliés par le nombre des salles, à la page blanche des assistances gratuites et désintéressées s'oppose malheureusement la page chiffrée des rétributions par lesquelles il a fallu nécessairement rémunérer les agents soldés de l'ambulance.

» Ici devrait actuellement se placer l'histoire médicale et chirurgicale de notre ambulance.

» Histoire, hélas, pour beaucoup de nos blessés, très-douloureuse et très-lamentable, dans laquelle nous aurions à noter la nature et la gravité des blessures, leurs terribles aggravations par suite du froid nocturne supporté sur le champ de bataille, ou par suite de la tardivité des premiers pansements; dans laquelle encore il nous faudrait indiquer les grandes opérations et toutes les résistances opposées par la science aux complications survenues par l'hémorrhagie et l'érésipèle, soit par la fièvre typhoïde et la petite vérole.

» Histoire heureusement consolante pour le plus grand nombre, et dans laquelle nous aurons ensuite à mentionner les cures presque inespérées, la cicatrisation des plaies profondes de la balle et des déchirements de l'obus, et les guérisons obtenues par la double efficacité des soins habiles du médecin, secondés par ceux de la sœur.

» Mais cette histoire, M. le docteur Lelong l'a faite dans ce registre dont nous avons déjà parlé, et sur lequel il a relevé les observations qui, après avoir établi les faits de la statistique médicale de notre ambulance, pourront enrichir les mémoires de la chirurgie militaire, en présence des blessures où la placent les nouveaux et terribles instruments à l'aide desquels les peuples se font actuellement la guerre.

» J'ai maintenant à établir le compte de ce qu'aura coûté l'ambulance de l'Ecole normale à la Société qui en a pris si généreusement les frais à sa charge. Ce compte est établi dans le document qui forme la deuxième annexe de ce rapport et se résume en un très-gros chiffre de dépenses. Votre délégué aurait bien voulu que ce chiffre fût moindre, mais on allait aux malades et aux blessés avec un patriotique entraînement, et quand la responsabilité financière s'inquiétait, la formule décisive : « Il faut ce qu'il faut » finissait toujours par avoir raison des résistances.

» Donc on a dépensé beaucoup.

» Beaucoup d'abord pour les frais de premier établissement, frais qui sont cependant laissés au compte pour mémoire, en raison de la valeur que conserve le matériel et des rétrocessions ou ventes dont il pourra devenir l'objet.

» On a encore dépensé beaucoup dans chacun des autres services de l'ambulance.

» En raison des ciconstances dont il a déjà été fait mention, le service des agents rétribués s'est élevé pour rémunération à la somme de 966 fr.

» L'alimentation a été très-coûteuse, puisque le chiffre total de la dépense, 7,143 fr. 70 c., divisé à la fois par le nombre des malades et des agents nourris à l'ambulance, donne par personne un prix quotidien de nourriture de 1 fr. 16 c., qui serait de 1 fr. 31, si la division devait se faire par le nombre des malades seulement.

» Et encore n'a-t-on pas fait entrer dans la dépense des consommations les produits du jardin, choux, carottes et oignons et le bois brûlé à la cuisine provenant d'un approvisionnement que l'Ecole a d'ailleurs été si heureuse d'avoir dérobé à l'occupation prussienne pour le livrer aux besoins de l'ambulance française.

» Le régime alimentaire comportait d'ailleurs trois repas avec deux potages : déjeuner, goûter et dîner, accordant à la consommation particulière de chaque personne 716 grammes de pain, 382 grammes de viande et 42 centilitres de vin en portions pures et en portions trempées.

» Certes, c'était là une alimentation généreuse et réparatrice, sur les bons effets de laquelle nous comptions pour le prompt rétablissement de nos chers malades, dont le plus grand nombre s'est d'ailleurs si rapidement et si complétement remis des privations, des fatigues et des blessures de la guerre. Il faisait si froid, que nos cinq poëles, allumés de jour et de nuit, consommaient un stère de bois par jour et qu'il nous fallut abattre les ormes de notre petit parc pour pourvoir à nos besoins auxquels les chantiers de la ville de Chartres ne pouvaient plus satisfaire.

» Le blanchissage figure au compte pour une très-grosse somme : Qui dira l'état des vêtements et ce qu'il fallait tous les jours de lessivage pour pourvoir à tous les pansements, nonobstant la pénurie des bandes et des compresses? On lavait donc tous les jours dans la buanderie de l'Ecole, pendant que le grand blanchissage opérait sur les pantalons et sur les capotes, sur les draps, les chemises et les couvertures en même temps que sur le linge de la cuisine et de la maison.

» Puis, après avoir déshabillé nos malades en coupant les capotes et les pantalons qui tenaient encore aux jambes et aux bras, il fallut, eux guéris, les réhabiller après avoir soumis tous leurs vêtements aux réparations nombreuses du raccommodage.

» Et ce n'est donc pas trop d'avoir consacré cette grosse somme de 635 fr. 25 c. aux conditions de propreté, de la chaleur et du confortable, dans lesquelles les sœurs sont parvenues à mettre leurs malades alités et leurs malades convalescents.

» L'éclairage fut encore une autre grande charge de notre ambulance. Le gaz devait toujours brûler dans les dortoirs, dans les salles d'isolement, où avaient été placés les variolés et les fiévreux, et dans les escaliers que les infirmiers avaient si souvent à monter et à descendre. Et ce service préleva encore sur nos dépenses générales une somme de 323 fr.

» Une autre somme de 40 fr. dut être consacrée à des gratifications données aux malades guéris qui, dans les derniers temps, remplacèrent les infirmiers civils, puis aux frais de la correspondance des blessés pour ports de lettres reçues et affranchissements de lettres adressées par eux à leurs familles.

» Enfin entrent en ligne de dépenses dans notre compte, les frais de médications qui comprennent les médicaments et la pharmacie proprement dite, ensuite la ouate, les flanelles et les bains, puis des consommations toniques du régime auquel le médecin soumettait les malades.

» Il faut vraiment que les prix de la pharmacie aient été bien généreusement modérés, pour que, nonobstant la quantité considérable de substances coûteuses, le mémoire ne se soit élevé qu'à la somme de 899 fr. 15 c.

» Pendant qu'en revanche, il a été dépensé pour vins vieux, sucre, café, thé et rhum du régime tonique la somme de 910 fr. 85 c.

» La ouate et la flanelle dont on surenveloppait les plaies et les fractures, figurent ensemble aux dépenses de médication pour le chiffre de 266 fr. 95 c. (*autres appareils compris dans ce chiffre*).

» Pendant que les bains auxquels furent soumis les malades atteints d'affections cutanées (car aucun accident ne nous manqua) produisent aussi leur petit mémoire pour la somme de (*mémoire non produit*).

» D'où les dépenses de médication se résument en une somme de 2,076 fr. 95 c. donnant en répartition pour chaque our de malade le chiffre de 0 fr. 362. Telle a été la dépense totale de notre ambulance. Que si les blessures n'avaient pas été si graves, et que le personnel assistant n'eût pas eu besoin d'être si nombreux; que si c'eût été l'été et non pas l'hiver, que si les denrées n'eussent pas eu la plus-value que leur donnait l'occupation prussienne, que si le service financier de l'Ecole n'eût pas eté interrompu et eût pu prendre part à la dépense, certes cette dépense n'aurait pas été si grande et n'aurait pas si profondément troublé et attristé la direction de l'ambulance, dans des soins si nouveaux pour elle, et qui, en même temps, engageaient si fortement sa responsabilité.

» Il fallait cependant que, grâce à l'habileté de notre médecin et aux soins de nos sœurs, notre ambulance répondît bien à ce qu'on était en droit d'attendre d'elle pour que des notabilités médicales comme MM. les docteurs Beaumetz et autres témoignassent si hautement de la bonne direction et tenue du service, pour que tant de visiteurs de l'administration et de la Société de secours se montrassent si satisfaits de nos efforts, et pour que nos malades eux-mêmes nous donnassent si souvent des gages de leur affection et de leur reconnaissance.

» C'est que sans doute nos blessés s'étaient rendu compte des soins qu'admettait l'œuvre difficile de leur soulagement et de leur guérison, par traitements d'abord, par consolations religieuses et encore par les distractions utiles de la conversation, des jeux et des lectures. C'est qu'ils avaient vu aussi nos débats et quelquefois nos ruses avec l'autorité prussienne pour les conserver quoique guéris parmi nous, nonobstant la revendication par laquelle les médecins allemands voulaient ressaisir leurs prisonniers dans nos ambulances.

» Nous parvînmes enfin à conserver, pour les rendre à leurs familles où à l'armée française, ceux que nous avions recueillis et à qui nous pûmes éviter l'évacuation sur la terre étrangère.

» Mais hélas! tous n'avaient pu survivre aux mortelles atteintes de la blessure et de la maladie, et nous eûmes la douleur de conduire dix-neuf de ceux-là dans la tombe.

» Jeunes hommes courageux, patients, doux dans la souffrance et dont la religion a béni la fin chrétienne.

» Cette fin, avec les sacrements de l'Eglise, a consolé les familles et c'est avec effusion qu'elles ont remercié l'aumônier et les sœurs en redemandant la mèche de cheveux coupée sur la tempe, et la médaille enlevée de la poitrine, pour qu'elles devinssent les pieuses reliques laissées au père et à la mère, à la femme et aux enfants par le brave soldat qui avait combattu et était mort pour la France.

» Tels sont, monsieur le Président et Messieurs, les faits que j'avais à vous exposer en ce qui concerne l'ambulance près de laquelle j'étais votre délégué et votre mandataire.

» Je termine par une prière à laquelle vous ferez certainement droit.

» Remerciements, ainsi que vous saurez les adresser et les faire, aux médecins, aux sœurs de Saint-Paul, aux aumôniers et aux personnes qui sont venues voir nos malades avec une si chrétienne et une si patriotique sollicitude. »

5. THÉATRE.

Délégué : M. Auguste Lefebvre.
Dames du Comité : Adjointes.
Docteurs : MM. Martin et Colas.
Aides : MM. Ouellard et Ferré.
Infirmiers : Frères des Ecoles chrétiennes.
Infirmières : Deux Sœurs de Saint-Paul.

Entrées, 119 blessés. — 19 décès.
Journées : en 1870, 1,380; en 1871, 4,206. Total, 5,586.
Sommes payées : en 1870, 1,428 fr.; en 1871, 4,280 fr. 50. Total, 5,708 fr. 50.
Relevé des dépenses faites par le Comité pour cette ambulance défrayée, 9,548 fr. 50.

Rapport circonstancié de M. le Délégué, du 2 avril 1871.

Ce rapport, résumant les principales circonstances de l'ensemble de nos opérations et de nos ambulances générales, doit être l'objet d'une reproduction fidèle dans beaucoup de ses parties.

Notre honorable coopérateur s'exprime ainsi :

« Monsieur le Président, délégué du Comité de secours auprès de l'ambulance du théâtre, j'ai l'honneur de vous rendre compte des opérations de cette ambulance.

» C'est le 9 décembre que les premiers malades y ont été introduits. Averti par M. le curé de Loigny de la détresse extrême des malheureuses victimes de cette fatale affaire, vous avez organisé les premiers secours avec l'aide empressée des populations, vous avez pu ramener à Chartres un grand nombre de blessés transportables. Au bout de peu de jours, la partie de l'hopital non occupée par des blessés allemands et l'annexe de Saint-Brice devenant insuffisantes pour recevoir ces malheureux, il devint indispensable de mettre de nouveaux locaux à leur disposition. C'est alors que furent organisées les deux grandes ambulances de l'école normale et du théâtre.

» J'ai eu l'honneur d'être désigné par le comité pour vous assister dans l'organisation des convois dirigés vers Loigny; aussi est-ce en mon absence que l'ambulance du théâtre fut installée par les soins de M. le Maire de Chartres, qui y fit apporter bois de lits et paillasses; un fourneau de cuisine fut installé dans le bureau du contrôle, les approvisionnements indispensables furent rapidement réunis, le service médical confié à MM. les docteurs Martin et Colas; une sœur pleine d'expérience, de dévouement et d'énergie, fut préposée aux soins à donner aux malades avec l'aide de deux jeunes sœurs de la communauté de Saint-Paul, des dames de la ville s'occupèrent activement de réunir le linge indispensable pour le coucher et le pansement des blessés, le personnel des serviteurs fut choisi et mis à l'œuvre.

» Lorsque vous voulûtes bien me désigner pour représenter le Comité auprès de l'ambulance, ma tâche était bien simplifiée, puisque j'avais été exempt de toutes les difficultés de la première organisation. Ouvrier de la dernière heure, je n'avais plus qu'à surveiller l'administration d'un établissement qui fonctionnait régulièrement depuis plusieurs jours.

» L'ambulance avait été installée dans la grande salle du foyer. (Ici, M. le Délégué entre dans les détails de la disposition de la salle et des lits). . . . . Malgré d'extrêmes difficultés, l'ambulance put fonctionner, grâce à l'intelligence et à l'activité de la sœur Aimée, qui sut introduire un ordre parfait là où le désordre semblait seul possible, grâce aussi aux personnes dévouées qui vinrent spontanément prodiguer leurs soins aux malades ou qui se chargèrent de la tâche aride de veiller à la lingerie, tâche aride, s'il en fut, à cause de la pénurie du linge et de la difficulté et des extrêmes lenteurs du blanchissage.

» Parmi ces personnes nous citerons M. Person, avoué à Chartres, qui, chaque matin, suivait les visites des médecins et écrivait leurs ordonnances, MM. Ouellard et Ferré, qui assistaient les sœurs dans les pansements et qui, au bout de peu de temps, y apportèrent autant d'habileté qu'ils y mettaient de dévouement.

» Mesdames Collier-Bordier, Foiret (Edmond), Letartre, Escoffier, Savouré, Mlle Leprince, Mme Monchal veillaient à ce que rien ne manquât à nos chers blessés, les consolaient dans leurs souffrances par des paroles inspirées par la piété et la plus pure charité chrétienne, et essayaient par leurs soins de leur faire oublier le dénûment et l'abandon des tristes journées passées sur la paille dans les granges de Loigny.

» Parmi tous ces dévouements, ne devons-nous pas mentionner celui de Mlle Leprince qui, depuis l'ouverture de l'ambulance, a consacré ses journées au service de la lingerie, et qui, aujourd'hui encore, consacre plusieurs heures de la journée au classement méthodique des draps, couvertures, chemises, prêtés par tant de généreuses personnes et répare la confusion inévitable des premiers moments ? La persévérance dans une tâche ingrate, mais utile, n'est-elle pas plus méritoire que le dévouement d'une minute ?

» M. le Directeur des Frères de la doctrine chrétienne a rendu à l'ambulance du théâtre d'immenses services, ses Frères et lui ont bien voulu se charger des soins à donner aux blessés pendant la nuit ; deux Frères étaient de garde chaque nuit, prêts à répondre au premier appel des blessés, et maintenaient la discipline et le silence nécessaires.

» Sous le rapport de la discipline, le délégué du théâtre n'a eu, sauf de rares exceptions, qu'à se louer des malades qui lui étaient confiés.

» Vers la fin de décembre et dans le courant de janvier, l'apparition de la petite vérole au théâtre inspira les craintes les plus sérieuses à M. les chirurgiens. Vous savez avec quelle sollicitude le Comité se préoccupa de ce grave danger et quels efforts il fit pour amener une solution acceptable dans l'intérêt des malades et celui de la population civile. Au théâtre, l'épidémie, quoiqu'ayant atteint légèrement plusieurs malades, ne fit heureusement aucune victime. Des mesures provisoires furent prises, qui, par l'événement, restèrent définitives. Pour diminuer l'encombrement et aussi pour recevoir de nouveaux blessés, quinze lits furent installés dans le petit foyer du théâtre et dans le vestibule qui y donne accès. Enfin, les varioleux furent transférés dans le foyer des artistes, derrière la scène, et soignés par d'autres militaires qu'une maladie précédente mettait à l'abri de la contagion.

» Le nombre des blessés soignés au théâtre s'est élevé à 119, nous avons eu à regretter 19 décès. Cette proportion d'un sixième s'explique par la gravité des blessures. Quelques malades atteints de la manière la plus grave, ont pu être sauvés grâce à la science et au dévouement des chirurgiens : notre incompétence en fait de médecine nous empêche de leur donner le tribut d'éloges auquel ils ont droit. »

Il nous reste, continue l'honorable délégué, à vous rendre compte de la gestion de l'ambulance au point de vue financier :

« Les dépenses faites ont été soldées de trois manières différentes :

1° Sur des bons délivrés par le délégué, M. Fabrègue trésorier de la Société, remettait des sommes d'argent qui servaient à payer les dépenses de peu d'importance, les acquisitions au marché, les salaires, etc.

2° Différentes denrées de consommation et le vin étaient fournis par le Comité et tirés des dépôts de l'hôpital ; les mémoires des dépenses ont été donnés par l'administration hospitalière.

3° Enfin les dépenses plus importantes faites directement par l'ordre du délégué, ont été l'objet de factures des fournisseurs, factures réunies à la fin de chaque mois, et remises avec un bordereau à M. le Trésorier, qui se chargeait d'en effectuer le paiement.

La salle, les corridors, la cuisine étaient éclairés au moyen du gaz, dont l'installation était complète. De plus, il a été installé un fourneau à gaz dans le couloir voisin de la salle ; ce fourneau a rendu les plus grands services.

Quelques observations doivent être faites sur quelques-uns des articles de dépense :

1° La dépense en vin est peu considérable, ce qui s'explique par ce fait que surtout au début de l'ambulance, des personnes venaient visiter les blessés et que pour éloigner une partie de ces personnes dont la présence aurait pu fatiguer les malades, la consigne avait été donnée de ne laisser entrer que celles qui apportaient quelque don, linge, charpie, comestibles. Une assez grande quantité de bouteilles de vin est due à la générosité de ces visiteurs.

2° Le salaire des serviteurs monte à une somme élevée. Les débuts surtout furent onéreux. Au fur et à mesure du rétablissement des blessés, quelques-uns furent successivement utilisés comme infirmiers, comme aides de cuisine, de telle sorte qu'à la fin de février, il ne restait plus qu'un seul agent rétribué.

La dépense pour le chauffage a été énorme au théâtre. Le calorifère du foyer, situé dans les caves, a dû être alimenté au coke dont le prix était alors exorbitant. Cet appareil disposé pour le service auquel il est destiné, a pour but, en temps ordinaire, de chauffer rapidement de vastes espaces pour quelques heures. Aussi le constructeur a-t-il donné à la cloche et à la grille de très-grandes dimensions. La nature du seul combustible qui fût disponible exigeait l'emploi de grandes quantités; avec la permanence du chauffage nécessité par l'ambulance, une voie de coke ne durait qu'un jour ou deux, dans les grands froids. Le délégué profita de l'adoucissement de la température pour restreindre la grille au moyen de briques maçonnées avec de la terre; mais cette mesure qui ne fut que tardive, n'eut d'influence que pour la réduction de dépense du dernier mois.

Le taux élevé des frais d'établissement s'explique facilement. Le théâtre était absolument dépourvu de tout ce qui est indispensable au service d'une ambulance. Dans la précipitation du premier jour, on avait installé un fourneau de cuisine ne dépassant guère les dimensions de ceux usités dans les petits ménages. La nécessité de préparer sur ce fourneau insuffisant la nourriture et les tisanes ou cataplasmes nécessaires pour 70 malades, en amena la rapide destruction. Il fallut le remplacer dans le courant de janvier par un appareil plus considérable, payer la location de deux fourneaux et la réparation de celui mis hors de service.

Les bois de lits, les paillasses et traversins ont été fournis en partie par la ville, les couvertures ont été achetées par le Comité. »

Ici est établie la répartition des dépenses avec détails et moyennes dont le prix par journée de malade s'élève à 1 fr. 62 c.

Particularités. — M. le Délégué expose encore dans son Rapport :

« L'incident le plus grave que nous ayons à rappeler au Comité, c'est celui du coup de fusil tiré par un soldat prussien dans l'intérieur de l'ambulance. Vous savez, M. le Président, à la suite de quelle légèreté le fait a eu lieu ; vous savez aussi que, grâce au scandale de la violation flagrante d'une ambulance internationale, le jeune imprudent put échapper à la vengeance de l'autorité prussienne, qui dut nous adresser une lettre de complètes excuses. »

Ce fait est ainsi résumé dans le procès-verbal de la séance du 21 janvier.

« Un soldat employé comme comptable de l'ambulance a été poursuivi par des uhlans, de la place des Epars jusqu'à la façade du théâtre, sous prétexte qu'il faisait partie de rassemblements, ou qu'il s'était livré à quelques voies de fait sur un soldat prussien. Frappé de plusieurs coups de sabre, il s'est enfui dans l'ambulance du théâtre où les soldats ont pénétré, et n'ont pas craint de violer cet asile que protège la convention de Genève, en tirant un coup de fusil contre un Frère de la doctrine chrétienne et une Sœur chargée du service des blessés. Une protestation a été adressée le soir même par M. Lefebvre à M. le comte d'Arco, chef des ambulances prussiennes, qui s'est montré disposé à faire une enquête. M. Lefebvre a cru utile de faire suivre la protestation orale par une lettre dont il a donné connaissance au Comité, qui l'a approuvée. »

(Se reporter à la séance du 21 janvier où est consigné l'émouvant rapport de M. le Délégué du théâtre, sur cette scène de violence.)

Les faits présentés par notre honorable délégué avec autant de calme que de dignité, ont eu le prodigieux résultat d'obtenir de M. d'Arco la satisfaction ci-après que vous jugerez convenable, Messieurs, d'insérer en entier dans le compte-rendu.

Séance du 30 janvier. — « Monsieur, à la lettre que vous avez bien voulu m'adresser le 20 de ce mois, j'ai l'honneur de répondre que je regrette infiniment, ainsi que M. le Commandant, que des actions si contraires à notre discipline aient été commises par nos soldats, comme cela est arrivé le 19. J'en ai averti aussitôt le Commandant, qui m'a répondu le 21 courant que les coupables étaient malheureusement partis, mais qu'ils ont été désignés à leurs chef respectifs pour être sévèrement punis. Aux troupes en garnison à Chartres, on a donné les ordres les plus sévères, afin qu'à l'avenir de tels désordres ne se renouvellent plus jamais. Je puis vous assurer, Monsieur, qu'une telle conduite de la part de nos soldats, a été grandement désapprouvée par les autorités militaires comme par l'ambulance allemande, et j'espère, par les mesures que nous avons prises, que l'ambulance française se trouvera satisfaite, et ne voudra pas du moins nous accuser de la négligence de cette affaire. »

Une semblable satisfaction fait honneur à celui qui a su se la faire donner ; aussi serai-je l'organe du Comité en exprimant à M. le Délégué nos félicitations pour l'issue de cet incident, et pour son intéressant et utile rapport sur l'ambulance du théâtre.

6. GRAND-SÉMINAIRE.

Délégué : M. l'abbé Olivier.
Docteurs : MM. Voyet.
Infirmiers : Séminaristes.

Entrées : 21 blessés.
Journées payées : en 1870, 192; en 1871, 1,166. Total, 1,358.

Pas de Rapport. Nous dirons que pour le Grand comme pour le Petit-Séminaire, M. l'abbé Pécheteau, leur économe, s'est empressé de disposer les deux ambulances avec bienveillance et sollicitude, et que les blessés ont été environnés de soins de tous genres.

7. PETIT-SÉMINAIRE.

Délégué : M. l'abbé Olivier.
Docteurs : MM. Voyet.
Infirmier : M. l'abbé Chau.

Entrées : 14 blessés. — 2 décès.
Journées : en 1870, 287; en 1871, 2,005. Total, 2,292.
Sommes payées : en 1870, 287 fr.; en 1871, 2,018 fr. Total, 2,305 fr.
Relevé des dépenses pour cette ambulance défrayée par le Comité : 3,015 fr. 75.

8. SAINT-JACQUES (SŒURS DE SAINT-PAUL).

Délégué : M. l'abbé Olivier.
Docteurs : MM. Voyet.
Infirmières : Dames de l'établissement.

Entrées : 31 blessés. — 1 décès.
Journées : en 1870, 652; en 1871, 1,780. Total, 2,432.
Sommes payées : en 1870, 652 fr.; en 1871, 1,786 fr. 50. Total, 2,438 fr. 50.

Pas de Rapport.

9. SŒURS NOTRE-DAME.

Délégué : M. l'abbé Olivier.
Docteurs : M. Voyet père et M. Salmon.
Infirmières : Dames de l'établissement.

Entrées : 43 blessés. — 1 décès.
Journées : en 1870, 541 ; en 1871, 1,844. Total, 2,385.
Sommes payées : en 1870, 547 fr. 50; en 1871, 1,844 fr. Total, 2,391 fr. 35.

Relevé des dépenses pour cette ambulance défrayée par le Comité, 4,459 fr. 35.

PARTICULARITÉS. — Le 17 janvier, enlèvement dans cette ambulance de 8 convalescents, de 36 à Josaphat, de 9 aux Dames-Blanches, comme prisonniers conduits en Allemagne, en violation flagrante des articles de la Convention de Genève et des conventions particulières de réciprocité.

10. INSTITUTION NOTRE-DAME (M. ROUILLON).

Délégué : M. de BOISSIEU.
Docteur : M. COLAS.
Infirmières : Deux Sœurs.

Entrées : 47 blessés. — 1 décès.
Journées : en 1870, 307; en 1871, 1,815. Total, 2,122.
Sommes payées : en 1870, 313 fr. 50; en 1871, 1,815. fr. Total, 2,128 fr. 50.
Relevé des dépenses faites pour cette ambulance défrayée par le Comité, 3,429 fr. 95.

Rapport de M. le Délégué. — Après d'intéressants détails sur les blessés et leur état sanitaire, M. le Délégué ajoute :

« Les soins chirurgicaux ont été donnés par M. le Docteur Colas qui s'en est acquitté avec autant de talent que de zèle ; il a été admirablement secondé dans les soins journaliers, pansements et autres, par le dévouement de deux religieuses attachées à l'établissement. Quant à M. l'abbé Rouillon, directeur de l'institution, il était sans cesse au milieu des blessés, auxquels il avait cédé de grand cœur et sans arrière-pensée une partie notable de son établissement, et je suis heureux de dire comment il savait faire aimer et respecter de tous sa paternelle autorité. M. l'abbé Lemonier et les autres professeurs de l'établissement se sont plu à entourer les blessés des soins les plus dévoués.

» C'est pour moi une grande jouissance de rendre témoignage de la bonne conduite de tous les soldats qui ont passé par l'ambulance: aucun acte d'insubordination à signaler, les rapports les meilleurs, la plus franche cordialité ont régné entre tous les blessés; aussi les personnes qui leur ont donné des soins conserveront un excellent souvenir de la bonne tenue et du bon esprit dont ils ont fait preuve. Plusieurs d'entre eux, à leur départ et par lettres, ont témoigné leur reconnaissance et prouvé qu'ils avaient su apprécier les soins dont ils ont été entourés.

» ... M. le Directeur de l'institution a bien voulu mettre à la disposition du Comité une partie de son matériel, lits, matelas, etc.. Les frais d'établissement de l'ambulance ont donc été nuls; je mentionnerai simplement les frais de nourriture et d'entretien. »

Suivant les états par quinzaines et le résumé, toute la dépense est évaluée à 1 fr. 44 en moyenne.

11. SŒURS DE LA PROVIDENCE.

Délégué : M. l'abbé OLIVIER.
Docteur : M. JUTEAU.
Infirmières : Sœurs.

Entrées : 11 blessés.
Journées et sommes payées : en 1870, 230 fr.; en 1871, 570. Total, 800 fr.

Pas de Rapport.

Je citerai particulièrement, pour en avoir été témoin, l'empressement dévoué de M. le docteur Juteau, notamment à l'égard d'un jeune artilleur, très-grièvement blessé et parfaitement rétabli. M. l'abbé Binet, supérieur de la communauté, visitait les blessés en bon père, leur procurant tout ce qui pouvait leur être agréable en nourriture, livres et distractions; il ne les a pas laissés partir sans leur donner un témoignage de sa générosité et de sa bonne hospitalité. Une excellente fille de la maison leur a aussi prodigué les soins les plus attentifs.

12. DAMES-BLANCHES.

Délégué : M. Ad. Fabrègue.
Docteur : M. Em. Voyet.
Infirmières : Les Dames.

Entrées : 44.
Journées : en 1870, 220; en 1871, 1,448. Total, 1,668.
Sommes payées : en 1870, 220 fr.; en 1871, 1,467 fr. 50 c. Total, 1,687 fr. 50 c.

Pas de Rapport.

Particularités. Le 17 janvier, enlèvement dans cette ambulance de 9 blessés transportés en Allemagne.

13. DAMES DE LA VISITATION, (Séance du 4 février).

Délégué : M. l'abbé Olivier.
Docteur : M. Corbin.
Infirmières : Dames préposées.

Entrées : 16.
Journées et sommes payées : en 1870, 80 fr.; en 1871, 670 fr. Total. 750 fr.
Relevé des dépenses pour cette ambulance défrayée par le Comité, 844 fr. 55 c.

Pas de Rapport.

14. AMBULANCE SPÉCIALE DES DAMES DE BON-SECOURS.

Délégué : M. l'abbé Paty.
Docteurs : MM. Voyet père et fils.

Infirmiers : M. l'abbé Pouclée, Sœurs.

Entrées : 47. — 10 décès.

Journées : en 1870, 239; en 1871, 1,468. Total, 1707.

Sommes payées : en 1870, 239 fr.; en 1871, 1,526 fr. 50 c. Total, 1,765 fr. 50 c.

M. Michel Isambert, dans la séance du 3 janvier, annonce que plusieurs cas de variole et fièvre typhoïde ont décidé l'administration municipale à prendre toutes les mesures nécessaires pour l'évacuation des blessés atteints de ces maladies, dans une ambulance spéciale qui doit être la maison des Sœurs de Bon-Secours, et que 29 lits sont préparés dans cet établissement. Le Comité s'était déjà préoccupé de cette situation dans l'intérêt des blessés, et il a accueilli avec une grande satisfaction la communication de son délégué.

Rapport de M. l'abbé Pâty.

« ..... A partir du 7 décembre, l'ambulance de Bon-Secours devient exclusivement française et reçoit plusieurs blessés de Loigny, les plaies de plusieurs d'entr'eux présentaient un degré assez considérable de gravité. MM. Voyet père et fils, dans des visites journalières, leur prodiguèrent avec dévouement les soins de leur art; et grâce à ce dévouement, grâce aussi aux bons soins de nos excellentes gardes-malades, toutes les blessures, au 3 janvier, étaient en bonne voie de guérison.

» La fièvre typhoïde avait atteint plusieurs de nos soldats blessés; trois militaires, en proie au typhus, avaient été amenés à Bon-Secours; plusieurs cas ayant aussi été constatés dans nos ambulances, les malades furent transportés dans cette communauté par les soins du Comité. A cette maladie épidémique vint se joindre, dans plusieurs ambulances, celle peut-être encore plus redoutable de la petite vérole. Les médecins, justement effrayés des funestes complications que pourrait amener l'apparition de cette nouvelle maladie contagieuse, furent d'avis d'affecter une ambulance spéciale pour y soigner les malheureux soldats atteints de ce fléau. Le Comité partagea ce sage avis. La maison des Sœurs de Bon-Secours, déjà affectée aux fiévreux, parut encore la plus convenable pour y réunir les varioleux.

» C'était demander beaucoup à cette maison dont une grande partie du personnel était déjà employée dans diverses ambulances de la ville et du département, à celles de Châteauneuf, de Loigny, de Mme de Luigné, de Mme Vallou de Lancé, de Mme Bellier de la Chavignerie, de M. Alex. Texier, etc.

» Cependant, malgré toutes les répugnances de la nature, malgré les craintes fondées que pouvait inspirer à Mme la Supérieure, pour les Sœurs, un combat continuel avec ce genre de malades, la proposition fut acceptée, et les Sœurs de l'intérieur n'eurent plus rien à envier à celles de leurs compagnes qui travaillaient à l'extérieur ; elles purent même se flatter d'avoir une plus large part à la vie de sacrifice.

» En effet, 20 militaires atteints de fièvres typhoïdes, et 27 autres de la petite vérole furent soignés dans cette ambulance. Sur ces 47, 10 ont succombé. Ce nombre est sans doute trop grand ; mais quand on sait les ravages que causent d'ordinaire ces deux terribles épidémies, n'y a-t-il pas lieu de s'étonner que les résultats obtenus aient été aussi satisfaisants ?

» Après Dieu, on le doit d'abord aux docteurs dont j'ai signalé plus haut l'infatigable dévouement ; d'après le témoignage de ces docteurs, on le doit aussi aux soins intelligents et multipliés que les Sœurs leur prodiguèrent à tous les instants du jour et de la nuit, leur conduite a été vraiment au-dessus de tout éloge. »

M. le Délégué signale le tribut à la maladie payé par plusieurs de ces Dames, la piété des pauvres malades et les douces consolations que M. l'abbé Pouclée, directeur de la maison, avait goûtées dans l'accomplissement de son ministère.

« Au commencement de mars, dit M. le Délégué, la plupart des malades étaient parfaitement guéris, les autres en pleine convalescence ; le départ s'effectua en plusieurs jours du 6 au 21 mars.

» En terminant, qu'il me soit permis de signaler la conduite irréprochable, jusqu'au dernier jour, de tous les malades... Depuis leur sortie, presque tous les militaires soignés dans cette communauté ont écrit à la supérieure des lettres remplies des sentiments de la plus sincère gratitude. . . »

Vous permettrez aussi à votre Président, Messieurs, d'apporter à ces Dames, si généreusement hospitalières, le tribut de vos éloges pour le sacrifice de leur maison, fait par elles, à la sécurité et à la salubrité de nos autres ambulances.

15. PETITES-SŒURS DES PAUVRES.

Délégués :
Docteur : } Les Petites-Sœurs elles-mêmes.
Infirmiers :

Entrées : 5 blessés.

Journées et sommes payées : en 1870, 62 fr.; en 1871, 411 fr. Total, 473 fr.

Et nos Petites-Sœurs aussi ont voulu participer à ces bonnes œuvres et figurer parmi nos ambulances, sans autre rémunération que la subvention accordée à leur bon cœur ! Elles ont été tout à la fois déléguées, docteurs, infirmières, respectons ce cumul, et disons : Merci, Mesdames !

16. MAISON ROUSSILLON.

Délégué : M. l'abbé Olivier.

Docteur : M. Corbin.

Infirmier : M. l'abbé Roussillon.

Entrées : 9 blessés.

Sommes payées et journées : en 1870, 36; en 1871, 274. Total. 310.

Relevé des dépenses pour cette ambulance défrayée par le Comité : 615 fr. 95. c.

Pas de Rapport.

17. MAISON MARCOTTE.

Délégué : M. Paul DAMARS.
Docteur : M. VOYET père.
Infirmiers : Domestiques de la maison.

Entrées : 33 blessés :
Journées : en 1870, 201 ; en 1871, 1,236. Total, 1,437.
Sommes payées : en 1870, 201 fr. ; en 1871, 1,242 fr. 75 c. Total, 1,443 fr. 75 c.

M. Marcotte, propriétaire du château de Gourdez, était absent, laissant deux domestiques ; c'est à notre délégué qu'a incombé une surveillance qui a été aussi active que laborieuse.

Pas de Rapport.

18. AMBULANCE JOLIET.

Délégué : M. Auguste LEFEBVRE.
Docteur : M. ROCQUE.
Aides et Infirmières : Sœur Sainte-Emile et Dames de la ville.

Journées : en 1871, 1,138.
Sommes payées : en 1871, 1,144 fr. 50 c.
Relevé des dépenses de cette ambulance défrayée par le Comité : 2,271 fr. 87 c.

Rapport de M. le Délégué.

« ..... C'est le 18 janvier seulement que les premiers blessés y ont été introduits, en vertu d'une décision prise par le Comité.

» M. le Délégué expose les motifs qui ont contribué à cette résolution, notamment en raison de l'expectative de sanglants combats ; il rend compte de la convenable appropriation de cette maison comme ambulance, et il ajoute : « La maison Joliet avait mis à la disposition du Comité les draps nécessaires et une partie du matériel, mais les Prussiens avaient enlevé toutes les couvertures, et le Comité dut en faire l'acquisition.

» La direction de l'ambulance, pour les soins à donner aux blessés, fut confiée à la sœur Sainte-Emile, assistée de la sœur Ammoniade de la communauté de Saint-Paul. Le docteur Rocque se chargea des soins médicaux, Mesdames Grindelle, Lefebvre, Savouré voulurent bien s'occuper plus spécialement de la lingerie ; grâce aux dons de linge, aux prêts qui affluèrent rapidement, grâce à l'activité de ces Dames et notamment au dévouement des sœurs et de Mme Savouré, le service de la lingerie de l'ambulance Joliet fut bientôt abondamment pourvu, les effets et le linge des blessés réparés. . . . . »

Puis M. le Délégué rend compte de la partie financière et économique, dont la moyenne des prix de journées reviendrait à 2 fr. 06 c., sur laquelle il conviendrait de défalquer un matériel représentant une valeur assez considérable, déposé dans une des salles de l'hôpital. . . . . »

19. AMBULANCE VINCENT.

Délégué : M. Ad. FABRÈGUE.
Docteur : M. VOYET.
Infirmiers : Mme CELLE et M. VOISIN.

Entrées : 14 blessés.
Journées et sommes payées : en 1871, 702.
Relevé des dépenses de cette ambulance défrayée par le Comité : 979 fr. 80 c.

Pas de Rapport, mais nous signalons le désintéressement de M. le Délégué, qui a fait de cette ambulance son œuvre personnelle.

20. MAISON MAUGER.

Docteur : M. MAUNOURY.
Infirmiers : M. et Mme MAUGER.

Entrées : 7.

Journées et sommes payées : en 1870, 292.

Relevé des dépenses de cette ambulance défrayée par le Comité : 349 fr. 63 c.

Pas de Rapport. L'initiative de M. Mauger, la bonne volonté et le sentiment généreux qui l'ont guidé dans cette œuvre, méritent d'être constatés.

21. MAISON D[lle] GIRARD.

Docteur : M. Voyet père.

Infirmière : Mlle Girard.

Entrées : 6.

Journées et sommes payées : en 1871, 367.

Pas de Rapport.

22. AMBULANCES PARTICULIÈRES.

Délégués, canton Nord : MM. de Boissieu et Fabrègue.
— canton Sud : M. Paul Damars.

Entrées : 155. — 6 décès.

Journées et sommes payées et à payer : en 1870, 2,277 soldées; en 1871, 7,098 non soldées. Total, 9,375.

Rapport partiel, par M. de Boissieu, du 3 avril.

« J'ai visité les ambulances particulières de MM. Bellier de la Chavignerie, Noury, de Lancé, Heurtault, dames de Lubriat, de Boisvillette, de Luigné, D[elles] Hervé, Peluche, je ne puis que rendre un bon témoignage de la conduite des blessés dans ces ambulances. Quant aux soins dévoués dont ils ont été entourés par ceux qui les avaient recueillis, je n'en parlerai pas, je me contenterai de dire qu'ils sont au-dessus de tout éloge. »

RÉFLEXIONS GÉNÉRALES.

Nous ferons précéder par une réflexion sommaire et générale l'exposé des ambulances particulières, tant de Chartres que de toutes les autres villes et communes du département ; c'est que si sous le rapport des faits qui se sont produits, nous avons mis en relief des actes personnels en les appréciant, cette appréciation nous a paru caractériser le fait d'une manière plus intime et en faire ressortir toutes les circonstances; mais telle ne sera pas notre pensée, au moment d'entrer dans l'intérieur du foyer domestique, nous resterons sur le seuil, car nous savons que le jour où le pauvre blessé est admis dans la maison hospitalière, quelle qu'elle soit, qui le demande et l'appelle, il sera sous la protection toute maternelle de sa généreuse bienfaitrice, dont la sollicitude trouvera un nouvel aliment dans le silence de l'action; aussi laisserons-nous intacte cette couronne tressée par la bienfaisance et la sensibilité du cœur, sans chercher à l'effeuiller par l'indiscrétion de l'éloge.

Cependant c'est un devoir pour nous de reproduire les noms de ces ambulances rayonnant dans la sphère de notre comité central, du moins pour celles qui nous sont connues et annexées.

AMBULANCES PARTICULIÈRES DE CHARTRES.

Ambulances :	Texier, docteur Voyet fils. . . .	12 blessés.
—	Vallou de Lancé, docteur Voyet père	18 —
—	De Luigné, docteur Rocque . . .	7 —
—	Heurtault, docteur Juteau . . .	6 —
—	Bellier de la Chavignerie, docteur Maunoury	7 —
—	De Boisvillette, docteur Rocque .	7 —
—	Fabrègue, notaire, docteur Juteau.	7 —
	A reporter. . . .	64 —

	Report. . .	64	blessés.
Ambulances :	Gaullier, notaire, docteur Maunoury.	6	—
—	Marchand (Albert), doct[r] Voyet fils.	5	—
—	Peluche, docteur Voyet fils . . .	5	—
—	De Lubriat mère, docteur Maunoury.	5	—
—	Bonnard, notaire, docteur Maunoury.	6	—
—	Nitot, général, docteur Maunoury.	4	—
—	Fournier, notaire, docteur Maunoury.	3	—
—	De Bertheville, docteur Rocque .	2	—
—	Hervé, docteur Voyet fils	2	—
—	Blet, de Saint-Cheron	2	—
—	Noury	5	—
—	Soulay-Descourtye, doct[r] Juteau .	2	—
—	Mlle Trillon et Grin père, docteur Rocque	2	—
—	Ouradou, docteur Salmon	2	—
—	Loiselet, docteur Maunoury . . .	2	—
—	Petrot-Garnier, docteur Martin .	2	—
—	Chauvière, docteur Voyet. . . .	2	—
—	Abbé Paty, docteur Juteau. . . .	2	—
—	Arvier, docteur Rocque	2	—
Mme Besseteaux, MM. de Sacy, de Saint-Laumer, Hoyau, Leroy, Daima		6	—
MM. Lefebvre (Auguste), de Cassan, docteur Juteau, docteur Maunoury, Mme Paris		5	—
MM. Baguet, Martin, Servan, Courtonne, Bernier, Lemaitre		6	—
MM. Macé, tailleur, Goussard, Regnier, Paris, Breton		6	—
MM. Laigneau (H.), Choppart, Mmes Gauthier, Duchon (Hortense).		7	—
		155	—

Au moment où se termine ce travail, il surgit de graves difficultés non encore résolues, entre le Comité et la Sous-Intendance, sur l'application des décisions des 25 septembre et 27 octobre 1870 relatives à la gratuité ou à l'indemnité de 1 fr. pour les ambulances particulières. Nous en indiquerons ultérieurement la solution.

Le dernier trimestre de 1870 a seul été ordonnancé et acquitté.

23. AMBULANCE PRISON DE CHARTRES.

Délégué : M. Mercier, directeur.
Docteur : M. Corbin.
Infirmiers : Gens de service de l'établissement.

Entrées : 117.
Journées et sommes payées : en 1870 et 1871, 3,905.

Le Comité a avancé 853 fr. 80 c. Cette ambulance a été défrayée par la ville de Chartres à qui revient sous les déductions ci-dessus le prix des journées.

Pas de Rapport.

25. CHATEAU DE SOURS.

Entrées : 6.

Les journées 1870 et 1871 sont en partie comprises dans les ambulances particulières de Chartres.

Il convient de signaler les soins donnés aux 6 blessés recueillis dans ce château par les domestiques de M. de Trimault, en son absence, mais avec la recommandation de ne rien négliger pour leur prompt rétablissement, et d'observer que cette ambulance a été organisée par la sollicitude de M. et Mme Prévosteau, avec les secours de M. Aubry, médecin à Prunay-le-Gillon.

26. BÉVILLE-LE-COMTE.

Délégué et docteur : Docteur Robin.
Entrées : 40. — 3 décès.
Journées : en 1870, 573; en 1871, 1,396. Total, 1,969.
Sommes payées : en 1870, 573 fr.; en 1871, 1,415 fr. 50 c. Total, 1,988 fr. 50 c.

Pas de Rapport.

Le docteur Robin s'est multiplié entre les ambulances des communes de Béville, Ouarville, Boisville, Houville, se mettant en rapport fréquent avec le major Beaumetz, son dévouement s'est montré à l'égal de son habileté et de sa modestie.

26 (*bis*). HOUVILLE.

Délégué et docteur : Docteur Robin.
Infirmier et bienfaiteur : M. le curé Rousseau.
Journées : 2 blessés en 1871. Aucune production de feuilles.

Pas de Rapport. Le zèle et le désintéressement de M. le curé le dispensent d'éloges.

26 (*ter*). MOINVILLE-LA-JEULIN.

Entrée : 1 blessé.
Journées et sommes payées : 67.

27. COURVILLE.

Pas de productions d'états, malgré nos demandes réitérées.

M. le docteur Curé, dans sa lettre du 16 janvier 1872, nous expose que dès le début de l'occupation, Courville se trouvant entre Chartres et le Perche devint journellement le point de rencontre des avant-postes des belligérants et que l'hôpital a reçu plusieurs blessés qui y sont morts.

Que les Prussiens marchant sur le Mans et dès le lendemain du combat de la Fourche, firent des prisonniers parmi lesquels se trouvèrent des blessés et des malades qui furent à leur passage laissés à Courville à cause de la gravité de leurs blessures et de leurs maladies;

Qu'il a donné ses soins et fait des pansements aux blessés de l'hôpital et dans les locaux où ils étaient déposés;

Que l'on compte à l'hôpital près de 600 journées pour les Français seuls, que quant aux Prussiens il est impossible d'en établir le chiffre assez considérable, car ils ne faisaient qu'un court séjour et ne laissaient que les malades qu'ils ne pouvaient emmener.

Ce service a duré depuis novembre 1870 jusqu'en avril 1871.

28. PONTGOUIN.

Docteur : SZAVAMOROWICZ.
Infirmières : Dames de l'hospice.

Entrées : 34. — 3 décès.
Journées : en 1870, 490; en 1871, 275. Total, 765.
Sommes payées : en 1870, 503 fr.; en 1871, 275 fr. Total, 778 fr.

Lettre de M. le Maire, du 6 mars 1872.

« La création d'une ambulance à l'hôpital de Pontgouin a donné lieu aux faits suivants :

» Près de 100 militaires de divers régiments ont été traités pour blessures ou maladies. C'est M. Alexandre Szavamorowicz, réfugié polonais, médecin à Pontgouin, qui leur a gratuitement donné les secours de son art.

» Le 18 novembre 1870, quand l'armée s'est retirée, il est resté à l'hôpital 8 soldats qui n'étaient pas transportables et qui ont continué d'y séjourner pendant plusieurs mois. M. Szavamorowicz leur a continué ses soins avec le même dévouement; il y a donc à signaler à votre attention, M. le Président, le zèle parfaitement désintéressé de notre médecin dans ces tristes circonstances. »

29 et 30. ILLIERS.

Délégué : M. HERMAND.
Docteurs : MM. GALOPIN et LEMOINE.

Entrées : 166. — 26 décès.
Journées : en 1870, 3,182; en 1871, 4,785. Total, 7,967.
Sommes payées : en 1870, 3,299 fr. 25; en 1871, 4,837 fr. Total, 8,136 fr. 25.

Rapport de M. le Délégué, du 21 octobre 1871.

« ...... Quoiqu'un but d'humanité et de bienfaisance ait été poursuivi seul, pour l'œuvre à laquelle tant de nobles cœurs se sont, comme vous, M. le Président, dévoués tout entiers, du moment que des récompenses honorifiques sont venues reconnaître les dévouements admirables de médecins qui vous ont généreusement prêté leurs concours, les principes les plus élémentaires de la justice distributive seraient atteints, si d'autres dévouements semblables et non moins grands obtenaient les mêmes récompenses.

» A Illiers, disons-le, tout le monde a fait son devoir. »

M. le Délégué expose qu'à la nouvelle de l'abandon où se trouvaient les blessés de Loigny, 17 voitures de cultivateurs partaient pour aller chercher nos malheureux blessés. « Pendant ce temps, sous la direction des deux médecins d'Illiers, MM. les docteurs Galopin et Lemoine, des ambulances s'organisaient à la hâte. MM. Lefebvre, pharmacien, qui possède de grands locaux, Léon Mercier, les Sœurs de Saint-Paul, M. Poulain, instituteur, Mlle Lauvray, institutrice, M. Grosdidier, instituteur libre, mettaient leurs personnes et leurs locaux à la disposition des chirurgiens. L'hôpital civil qui avait déjà reçu 14 malades ou blessés était plein, mais les sœurs de l'hospice établissaient une ambulance supplémentaire dans les bâtiments qui en dépendent. C'était en tout 7 ambulances qui n'attendaient plus que leurs hôtes.... Une souscription ouverte chez MM. Poucin et Billard, notaires, produisait immédiatement 2 ou 3,000 francs destinés aux premiers frais, le Conseil municipal votait des fonds et les fournisseurs de la ville venaient offrir à crédit, médicaments, denrées et autres objets nécessaires, 154 blessés avaient été ramenés de Loigny ; ils furent divisés en deux services; M. le docteur Galopin en eut à soigner 79, répartis en 5 ambulances, en y ajoutant les 12 autres de l'hôpital et 4 qui entrèrent ensuite, c'est un total de 95 soldats. M. Lemoine se chargea des 75 autres répartis dans deux ambulances. »

M. le Délégué signale l'état déplorable de ces blessés et l'aggravation de leurs blessures, ainsi que l'infection qu'elles répandaient dans les salles. « Pour savoir, M. le Président, avec quel dévouement et quelle sollicitude les deux docteurs ont rempli leurs devoirs en cette circonstance, il faudrait avoir été témoin de leurs moindres actions pendant la période de trois ou quatre mois que leurs soins ont duré. « M. le docteur Galopin, a, au mois d'avril, signalé dans le *Journal de Chartres* la belle conduite d'un habitant d'Illiers, M. Hébert-Corbisier, qui, n'ayant cessé de le suivre à l'hôpital, comme aide, pendant deux mois et demi, atteint d'un érysipèle phelgmoneux de la gorge dû au contact de ses doigt souillés de sang putrifié, a failli payer de sa vie son dévouement aux blessés. M. le docteur Lemoine, jeune encore et presque au début de sa carrière, a su conquérir de grandes sympathies méritées par sa science et par son acharnement à combattre jour et nuit la maladie partout où elle se présente. M. le docteur Galopin, au contraire, termine une carrière poursuivie avec honneur. » M. le Délégué résume son rapport en disant : « Dans le cas où le gouvernement ne voudrait pas accorder une double récompense aux ambulances d'Illiers, il me semble que l'opinion publique ne pourrait qu'approuver une marque de distinction qui viendrait trouver celui qui a couronné 55 années d'une honorable carrière par un dévouement qui, s'étendant sur 95 militaires français, en a rendu 84 à l'armée et à la France. » M. le Délégué signale aussi la belle conduite du maire, M. Dumuid, et de Mme Hubert.

Beaucoup de blessés ont été transportés des ambulances d'Illiers au château des Forts, où Mme Feugère des Forts les a accueillis et soignés gratuitement et préservés contre tout enlèvement comme prisonniers.

31. JANVILLE.

Délégué : M. Leroy, administrateur de l'hospice.
Docteurs : MM. Dargent et Lebel.
Infirmiers : Sœurs de Janville, de Juvisy.

Entrées : 118. — 16 décès.
Journées : en 1870 et 1871, 9,011.
Sommes payées : en 1870 et 1871, 9,227 fr. 50.

M. Leroy a touché le prix des journées en fournissant directement à la Sous-Intendance les feuilles nominales et les relevés numériques des ambulances de Janville, dont il avait sollicité et obtenu la délégation du Comité sectionnaire de Chartres.

Avances par le Comité de Chartres de 2,500 francs pour frais extraordinaires.

« Dès le 27 septembre, expose M. le Délégué, premier jour de l'occupation prussienne à Janville, notre ville s'est vue encombrée de malades allemands presque tous atteints du typhus; vu l'insuffisance du local, une ambulance dut être établie dans un bâtiment parfaitement aéré, mis à notre disposition par M. Bonneau, propriétaire à Janville; en peu de jours cette ambulance fut au complet.... Le 5 octobre, l'armée française vint débusquer les Prussiens de Janville à Toury. L'armée ennemie se retira à Etampes, en nous laissant trente-huit uhlans et des cuirassiers malades. Ce nombre fut augmenté de plusieurs soldats français grièvement blessés à la journée du 5 octobre; plusieurs soldats épuisés de fatigue y séjournèrent trois jours.... Le 3 décembre, informés par les prisonniers français et par les officiers prussiens que la journée du 2 à Loigny avait été très-meurtrière, et qu'un grand nombre de nos soldats étaient gisants soit sur le champ de bataille, soit dans les maisons désertes, sans secours, sans feu et sans paille, nous allâmes le lendemain, dimanche 4, avec Mme la supérieure de l'hospice, sœur Saint-Henri, munis d'un laisser-passer délivré par le général prussien commandant à Janville, pour porter secours à nos malheureux compatriotes, à Loigny; de leur côté, les docteurs Dargent et Lebel s'y étaient transportés, sur l'invitation de M. Clichy, maire. Nous ne nous attendions pas à un pareil spectacle et à tant de malheurs; nous ne pûmes ce jour-là ramener que 6 blessés, que nous installâmes dans une ambulance située au milieu d'un vaste jardin. Le lendemain j'organisai un véritable convoi. Je portai à Loigny du pain, du vin, de la viande et autres objets, et ramenai à Janville, tant en voiture qu'à pied, 102 blessés.

» Ici se place un incident qui peint la sauvagerie allemande et qui indique les dangers que nous courions au milieu des lignes ennemies. En traversant le hameau de Santilly-le-Vieux, un cavalier prussien tira sur le convoi un coup de pistolet qui blessa grièvement à la jambe le lieutenant Leblond. La tête du convoi étant arrivée à Janville, le général de cavalerie Von Columb voulut faire diriger tous nos blessés sur l'ambulance prussienne de Toury, 18 même y furent transportés, malgré notre protestation et nos réclamations; mais, grâce à l'admirable énergie de sœur Saint-Henri, nous pûmes conserver, en les dissimulant, 84 soldats et officiers que nous installâmes dans nos ambulances et dans quelques maisons particulières. Plus tard, nous avons encore accueilli 14 militaires blessés venant de l'ambulance prussienne de Baigneaux et une vingtaine d'autres qui nous ont été envoyés par les Prussiens, tant de Bazoches-les-Hautes que de Toury. Pour nous résumer, l'ambulance de Janville a eu jusqu'à la date du 1er mai à subvenir d'une part aux besoins de 5,863 journées de malades et blessés allemands, et d'autre part à 9,011 journées de blessés français. Les secours médicaux ont été prodigués à ces divers malades et blessés par MM. les docteurs Dargent et Lebel de Janville, sous la direction et la surveillance de M. le chirurgien-major Beaumetz, préposé à l'ambulance de Loigny. Le personnel de notre hospice se serait trouvé insuffisant pour donner les soins nécessaires à tant de blesés, si la Providence ne nous avait envoyé un secours inattendu dans l'émigration des sœurs de la Présentation de Juvisy qui, s'étant réfugiées à Janville, aidèrent nos religieuses dans leur admirable mission; nous avons toujours eu un personnel de 10 sœurs, aidées des femmes de service et d'hommes pour veiller les malades.

« Grâce aux soins empressés qui ont été prodigués et à la salubrité de l'air de Janville, nos ambulances ont perdu peu de monde relativement au nombre des malades et blessés; sur 120 blessés ou amputés français, nous n'avons perdu que 16 hommes, encore dans ce nombre plusieurs venaient-ils des ambulances prussiennes dans un état désespéré... Pour ce qui a rapport à l'ambulance française, aux secours donnés exclusivement à nos soldats blessés, l'ambulance de Janville a été entièrement étrangère à l'administration hospitalière qui ne lui a fourni aucun secours, elle n'a reçu que deux modestes envois, l'un de la Société française, l'autre de la Société britannique; elle comptait sur la Providence qui lui est venue en aide; car, grâce aux 2,500 francs fournis par le Comité départemental présidé par M. Collier-Bordier, et aux 9,277 francs que nous a payés l'Intendance pour nos journées de blessés, nous avons pu en partie acquitter nos dettes. Pour rendre hommage à la vérité, nous devons déclarer que toutes les personnes, sauf cinq, qui ont reçu chez elle des blessés, ont réclamé l'indemnité accordée par la Sous-Intendance; quant aux sieurs Germain, Bestault, Violette, Legrand et Mlle Doret, leurs procédés à notre égard ont été tels que nous n'avons pas porté leurs blessés sur les feuilles nominales, leur laissant le soint de réclamer personnellement le paiement de leurs journées de blessés. »

Le Président, rapporteur de ce compte-rendu, exprime ici le regret que ce beau rapport de M. le Délégué se termine par la précédente déclaration; des considérations personnelles ne sauraient influer sur l'obligation formelle du Délégué de comprendre dans ses états les noms et journées des malades et personnes intéressées, dans le rayon de sa délégation; c'est en outre une irrégularité que ne peuvent admettre la comptabilité de la Sous-Intendance et la responsabilité du délégué spécial de M. le Ministre de la guerre par la crainte de suspicion de doubles emplois.

Renseignements particuliers à nous transmis pour faire suite à ce rapport : Le 2 décembre, le funeste désastre de notre armée à Loigny fut annoncé à Janville, à minuit, un officier allemand vint prévenir le maire de préparer du secours pour 1,700 prisonniers dont 23 officiers et un général, ce qui fut exécuté à l'instant avec le plus vif empressement. Le lendemain, ces prisonniers partaient pour Chartres, le général en voiture, avec un zouave pontifical blessé. Puis sur l'annonce qu'il y avait beaucoup de blessés gisant sur le champ de bataille, M. Clichy, maire et conseiller général, se rendit immédiatement chez les docteurs Dargent et Lebel pour les presser de se transporter à Loigny pour porter secours aux blessés. Ces Messieurs se dirigèrent de suite vers le champ de bataille. Là ne se borna pas la sollicitude de M. le Maire, il alla demander au général Von Columb l'autorisation d'envoyer chercher des blessés pour être soignés dans les ambulances de Janville. Le général prussien lui délivra un laisser-passer sur sa responsabilité personnelle, et c'est avec ce sauf-conduit que Mme la supérieure de l'hospice, M. Leroy, MM. les curés de Janville et de Poinville et diverses autres personnes allèrent à Loigny le 5 décembre; une fois installés, ces infortunés blessés reçurent les soins les plus actifs et les visites quotidiennes de M. le maire qui aidait lui-même aux pansements et veillait à ce que rien ne manquât à ces malheureuses victimes de la guerre.

32. MAINTENON.

Docteurs : MM. Lamy et Perret.
Infirmières : Sœurs Saint-Paul.
Entrées : 56 blessés. — 3 décès.

Journées : en 1871, 722.
Sommes payées : en 1871, 741 fr. 50 c.

Rapport de M. le docteur Lamy.

Aussitôt la guerre engagée, en prévision des blessés pouvant être dirigés sur notre localité, M. le duc de Noailles fit disposer dans les communs du château 12 lits et 8 autres dans le château même, pour les officiers. Cette ambulance commença à fonctionner le 6 octobre. Deux sœurs de Saint-Paul et une garde étaient chargées du service de l'ambulance. Les médicaments et les aliments étaient fournis au compte de M. le duc de Noailles. Dès le 9 octobre, les 12 lits devinrent insuffisants, et on en dressa 6 autres dans les chambres des cochers, pour les varioleux. Des mobiles obligés de passer des nuits froides et pluvieuses dans les bois, revenaient avec des angines, des bronchites, des douleurs rhumatismales; le nombre de ces malades devint tel que je fus obligé d'établir dans un grenier une douzaine de lits en foin, et d'en organiser autant dans la maison Beaunier qui était inoccupée; les habitants fournirent avec empressement draps et couvertures et je plaçai à la tête de cette ambulance un jeune ménage qui s'acquitta des fonctions d'infirmiers avec beaucoup de zèle et d'humanité ; les médicaments et les aliments y étaient fournis par le bureau de bienfaisance. Il y eut encore une douzaine de lits dans le local de la gendarmerie, confiés aux soins de mon confrère. Beaucoup d'autres malades étaient logés dans les auberges et chez les habitants.

M. le Docteur explique qu'à l'arrivée des Prussiens, l'ordre du départ des mobiles ayant été donné le 20 octobre, 7 de ces derniers, trop malades pour subir les fatigues du voyage, durent rester à Maintenon, d'où ils parvinrent enfin à s'échapper successivement.

Dans sa lettre d'envoi de ce rapport, M. le Maire ajoute que M. le docteur Lamy s'est courageusement dévoué pour ses concitoyens, ainsi que le secrétaire de la mairie, M. Hélie. Je me plais à constater ici l'utile concours de M. Hélie, lors de mon voyage à Maintenon pour la libération de M. le maire de Voves.

33. EPERNON. (Séance du 28 octobre.)

Entrées : 30 blessés. — 4 décès.
Journées : en 1871, 776.
Sommes payées : en 1871, 789 fr.

Pas de Rapport.

34. VOVES.

Délégation cantonale : M. Bigot, maire.
Docteurs : MM. Chollet et Legendre.
Aides, Infirmiers : Sœurs, habitants.

Entrées : 341. — 17 décès.
Journées : en 1870, 2,637; en 1871, 1,878. Total, 4,515.
Sommes payées : en 1870, 2,715 fr. 25 c.; en 1871, 1,904 fr. Total, 4,619 fr.
Dépenses faites : Pour dépenses générales, au passage des blessés, compris ambulances, mairie, écoles et gendarmerie, défrayées par le Comité, au total. . . . . . 1,098 fr. 61 c.
Mais déduire journées appartenant au Comité. 702 »

Excédant de la dépense. . . 396 61

Pas de Rapport.

Faits à la parfaite connaissance du Président.

Dès le 5 décembre, au moment où le passage paraissait libre, M. Pénelle, juge de paix, s'était transporté à Loigny et il en revint en toute hâte pour faire appel à Voves et aux diverses communes du canton, de venir au secours de nos blessés privés de tout.

Le lendemain, 6 décembre, surtout au passage du Comité de Chartres, présidé par le conseiller général du canton, les habitants moins inquiets sur les réquisitions forcées de l'ennemi, s'adjoignirent en grand nombre à notre convoi, et contribuèrent puissamment au soulagement et au transport des pauvres blessés abandonnés. Riches ou pauvres ouvrent maisons et asiles; on se dispute ces glorieux débris, mais cet empressement, cette pitié envers nos propres soldats, si bien secondés par le Maire et le juge de paix, devaient coûter cher, surtout à Voves. Aux yeux de nos ennemis, le patriotisme est un crime, un acte digne de sauvage répression, nous en donnerons le témoignage ci-après.

Nos chers blessés se rappelleront longtemps encore l'accueil qu'ils ont reçu dans le canton de Voves et M. le général de Sonis, et M. le colonel de Charette, et M. de Richemont et toutes ces victimes moins élevées en grade, mais non moins dignes d'intérêt.

MM. les Médecins, M. le Curé et son Vicaire, les dignes Sœurs, la population tout entière, sont au chevet de ceux qui restent, et distribuent des réconfortants, des provisions à ceux qui sont de passage, et, disons-le hautement, sans distinction de nations, c'était sous nos yeux.

Particularités. — Voves a pour maire un de ses enfants, M. Bigot, notaire.

Dès le commencement de l'invasion, sa fermeté, sa dignité, respectées des réquisitionnaires eux-mêmes, contribuèrent à sauvegarder sa ville, car il sut en imposer à l'ennemi par l'impartialité de sa justice. Cependant le 22 décembre passe un corps d'armée ayant à sa tête le prince Charles-Albert; à la vue des drapeaux d'ambulance arborés en assez grand nombre, l'ennemi s'irrite, arrache ces insignes de la Convention de Genève, sans en excepter ceux du Maire, deux officiers pénètrent chez lui et lui ordonnent de congédier ses blessés français pour faire place à eux, Prussiens. Que se passe-t-il au plus profond de l'âme de cet homme, de ce maire français, outragé dans son affection pour ses blessés et dans son ardent amour pour sa patrie? Sa réponse fut fière et laconique. « Jamais. » Immédiatement la commune est imposée à 40,000 francs de contribution de guerre. « Voves ne paiera pas cette somme. » — « Eh bien! nous voulons 20,000 francs. » Même réponse.

Alors on s'empara de ce digne magistrat qui ne fut intimidé ni par la menace, ni par cette violence inouïe. Malgré sa forte complexion et la difficulté extrême de la marche, il fut emmené prisonnier, à pied, au pas de course, jusqu'à Francourville, puis à Chartres. Là on obtint la faculté de le conduire en cabriolet jusqu'à Maintenon, où le président de votre Comité, opposant à cette honteuse violence et la conduite généreuse de l'autorité municipale de Voves envers les blessés allemands de passage et la stricte exécution de la Convention de Genève à l'égard d'un de leurs blessés, obtint du prince Albert la délivrance de l'intrépide magistrat et la remise des 20,000 francs; mais il ne put réussir ce jour-là à ramener M. Champion, pâtissier-traiteur, arrêté le même jour que M. Bigot; il ne fut relâché que le lendemain. Quels étaient les motifs de cette rigueur à son égard ?

Mentionnons aussi que précédemment M. Triquet, receveur d'enregistrement de Voves, que MM. Godin, maire de Germignonville, et Cintrat, maire de Villars, et autres personnes ont été aussi arrêtés, emmenés, mais relâchés après quelques jours de captivité, excepté M. Triquet qui fut transporté en Allemagne où il resta jusqu'à la paix.

Il serait difficile d'expliquer les causes de ces arrestations, si ce n'est comme puissants moyens d'intimidation.

35 et 36. BOISVILLE-LA-SAINT-PÈRE ET HONVILLE.

Docteurs : MM. Robin et Bellantani.
Infirmiers : Habitants.
Entrées : 15. — 1 décès.
Journées : en 1871, 813 fr.
Sommes payées : 819 fr. 50 c.

37. VIABON.

Docteur : M. Vallen, d'Ymonville.
Infirmière et bienfaitrice : Mlle Doublet, institutrice.

Entrées : 3. — 1 décès.
Journées et prix : en 1870 et 1er trimestre de 1871, 236 fr.

Ces trois blessés ont été l'objet d'un zèle à toute épreuve de la part de Mlle Doublet, institutrice à Viabon, qui en a soigné un jusqu'au mois d'août. M. le major Beaumetz lui écrivait le 31 août comme marque de sympathie : « Vous porterez avec vous le sentiment d'une bonne conscience. Je rendrai témoignage de votre dévouement au Ministre de la guerre.... »

38. OUARVILLE.

Docteurs : MM. Bellantani et Robin.
Infirmiers : Habitants.
Entrées : 20.
Journées et sommes payées : en 1870 et 1871, 846 fr.

39. FAINS.

Délégués : MM. Bigot, à Voves, et Goussu, curé.
Docteur : M. le major Beaumetz.
Aides et infirmières : Sœurs institutrices.

Château, succursale de Loigny, puis seule ambulance défrayée par le Comité.

Entrées : 58 blessés. — 7 décès.

Journées : en 1870, 104; en 1871, 1er trimestre, 1,228. Total, 1,332.

Sommes payées : en 1870, 104 fr.; en 1871, 1,273 fr. 50 c. Total, 1,377 50 c.

Relevé des dépenses faites par le Comité pour cette ambulance défrayée par le Comité, 4,577 fr. 50 c.

Envoi par M. le marquis de Beaucorps, d'une somme de 350 fr. comme offrande au Comité.

« En offrant le château de Fains, écrit M. de Beaucorps, avec tout ce que j'y avais de linge, lits, vin et bois, pour y établir une ambulance, j'avais bien expliqué que je ne comptais pas entrer dans les autres frais. J'ai rempli, et au-delà, les engagements que j'avais pris, car lorsque tout mon bois a été brûlé, mon garde a fait abattre dans le parc des arbres pour le service de l'ambulance, et outre cela, les deux sœurs de l'école et une troisième qu'elles ont fait venir, ont fait le service d'infirmières jusqu'à la fin, c'est-à-dire pendant près de six mois.

» Je vous prie de voir le directeur du Comité, c'est le conseiller général du canton de Voves, et lui dire que je ne crois pas devoir être assimilé aux propriétaires du pays qui ont eu chez eux des ambulances à leurs frais. Je crois donc avoir payé ma dette; cependant je vous prie d'offrir au Comité 350 francs, c'est-à-dire la moitié des frais de Fains pendant la première période, en exprimant mon regret de ne pouvoir faire davantage..... »

L'ambulance de Fains a eu, en effet, deux périodes, l'une d'ambulance en quelque sorte privée, et l'autre, plus prolongée, relevant directement du Comité comme point central des opérations de M. le major Beaumetz qui y transporta tout le personnel et le dépôt de Loigny.

Pour la première période, M. de Beaucorps, outre les journées d'indemnités laissées au bénéfice du Comité et le bois pris à discrétion dans son parc, outre le matériel du château, linge, meubles et divers comestibles, fait encore un don au Comité, c'est une générosité et un bon sentiment qui lui méritent de justes remerciements.

La deuxième période reste exclusivement à la charge du Comité.

Rapport de M. Goussu, délégué, curé de Fains.

« L'évacuation de l'ambulance de Fains a eu lieu le 15 avril. Cependant il nous restait un pauvre blessé qui est mort le 2 mai. Vous trouverez ci-joint deux feuilles de compte : l'une résume toutes les dépenses depuis le 6 décembre jusqu'au 6 mai; l'autre contient seulement les dépenses faites depuis l'installation de M. Beaumetz, le 14 février 1871. Le chiffre des dépenses totales est de 3,581 fr. 85 c. qui se décomposent ainsi : 730 fr. 25 c. (auxquels il faut ajouter un mémoire du boucher Patault) et 2,351 fr. depuis.... Vous remarquerez que le chapitre 9e, écurie, emporte à lui seul le quart de la dépense totale.... Si le chiffre vous semble exagéré, je vous prierai de considérer : 1° Que quand l'ambulance de Loigny a été transférée à Fains, ce n'était plus la période du premier enthousiasme qui élargit les cœurs ; nous avons été obligés de tout nous procurer à prix d'argent ; 2° que pendant cette période le prix de certaines denrées et entre autres celui de la viande, avait doublé.... »

Lettre de M. le major Beaumetz, du 12 février.

« Monsieur le Président, j'ai transporté le siége central de notre ambulance de Loigny à Fains dont le château offre à notre installation des facilités que Loigny était loin de nous fournir, il devenait très-difficile d'approvisionner l'ambulance, les gens du pays devaient désirer de rentrer enfin en possession de leurs maisons ou de leurs lits, nos blessés sont transportables, j'ai réuni les survivants à ceux de Fains.... Fains est plus que Loigny rapproché de Sancheville, de Voves, de Prasville, de Meslay, de Janville, partout j'ai pratiqué des opérations graves, et la nécessité de suivre le traitement des opérés me force à de continuelles tournées, j'ai envoyé les opérés guéris à Cormainville, chez M. Dreux, et je ne garde à Fains que des hommes récemment opérés ou susceptibles de subir une opération grave. » Dans sa lettre du 22 février, le même major se félicite de sa translation au grand avantage de ses grands blessés, et il termine ainsi : « Je vous prie, M. le Président, de vouloir bien donner à M. le curé de Fains la délégation que vous avez donnée à M. le curé de Loigny, elle lui permettra d'approvisionner l'ambulance suivant le mode qui vous a été jusqu'ici si commode et si avantageux.... »

Signaler le zèle charitable des Sœurs de Saint-Paul qui ont présidé à cette ambulance, serait superflu ; elles sont, en toute circonstance et en tout lieu, bien dignes de leur mission hospitalière.

40. MONTAINVILLE.

Docteur : M. Molinier, de Reverseaux.
Infirmiers : Chaque habitant.

Entrées : 21. — 3 décès.
Journées : en 1870, 499; en 1871, 557. Total, 1,056.
Sommes payées : en 1870, 505 fr. 50 c.; en 1871, 570 fr. Total, 1,075 fr. 50.

Entre autres dévouements, signalons celui de M. Duchon, maire de Montainville, qui sut donner l'exemple, ainsi que Mme Duchon, par une sollicitude prolongée jusqu'au mois de septembre, ses autres blessés étaient d'autres enfants de la maison; leur reconnaissance est à l'égal du bienfait.

41. GERMIGNONVILLE.

Docteur : M. Dmokowski.
Infirmiers : Habitants.

Entrées : 13. — 1 décès.
Journées : en 1870, 262; en 1871, 217. Total, 479.
Sommes payées : en 1870, 268 fr. 50 c.; en 1871, 217 fr. Total, 485 fr. 50 c.

42. BAIGNOLET.

Docteur : M. Dmokowski.
Infirmiers : Habitants.
Entrées : 12 blessés. — 3 décès.

Journées : en 1870, 203; en 1871, 207. Total, 410.
Sommes payées : en 1870, 216 fr.; en 1871, 213 fr. 50 c. Total, 429 fr. 50 c.

43. ROUVRAY-SAINT-FLORENTIN.

Docteur : M. MOLINIER.
Infirmiers : Chaque habitant.
Entrées : 18 blessés.
Journées et sommes payées : en 1870 et 1871, 1,200 fr.

CHATEAU DE REVERSEAUX.

Docteurs : MM. MOLINIER et BEAUMETZ.
Infirmiers bienfaiteurs : M. et Mme GOUVION-SAINT-CYR.
Entrées : 16.

Cette ambulance se distingue par les excellents cœurs qui y ont présidé et qui y ont dirigé tout le service avec une générosité puisée à la source de la charité chrétienne et du plus pur patriotisme. La première sœur de charité auprès du lit des malades, était la maîtresse de la maison, bien secondée par la sœur..... ce fut une noble rivalité de zèle. Bornons à ces quelques mots des éloges que la modestie et la réserve rendraient indiscrets. Laissons aux dignes hôtes, entre autres au brave général de Sonis qui y a trouvé une convalescence prompte et parfaite, à conserver le précieux sentiment d'une reconnaissance qui se confond dans les liens d'une amitié sympathique. Le docteur Molinier s'est consacré tout entier à cette ambulance, sans diminuer ses soins multipliés aux autres blessés, surtout dans les communes environnantes qui, par des visites fréquentes et assurées, ont pu continuer à garder leurs blessés, service méritoire rendu à tous, dans un rayon qui comportait environ cent blessés.

VILLEAU ET VILLARS.

Docteur : M. DMOKOWSKI.
Bienfaiteurs : MM. Pierre ROUSSILLE et CINTRAT.

Pas de Rapport.

44. PRASVILLE.

Docteurs : MM. Legendre, de Voves, et Vallen, d'Ymonville.
Infirmiers : Les habitants.
Entrées : 14.
Journées et sommes payées : en 1871, 921 fr.

45. CHATEAUDUN.

Délégué : M. Sence.
Docteurs : MM. Rimbert, Meunier, Anthoine.
Infirmières : Hospice, Dames-Blanches, Providence.
Entrées : 323. — 31 décès.
Journées : en 1870, 5,396; en 1871, 4,314. Total, 9,710.
Sommes payées : en 1870, 5,480 fr.; en 1871, 4,314 fr. Total, 9,794 fr.

Aucun Rapport.

Qu'est-il besoin d'un Rapport pour constater ce fait qu'une ville, au milieu de la plupart de ses maisons détruites de fond en comble, de la pénurie résultant du pillage et sous la charge d'énormes réquisitions de guerre, a recueilli dans les maisons encore existantes, 323 blessés et malades ?

C'est l'héroïsme du sacrifice et du dévouement.

Rapport de M. Sence, délégué pour le canton de Châteaudun, fourni ultérieurement.

Composition du Comité :

MM. Raimbert-Sévin, *président ;*
Sence, *vice-président ;*
Vicaire, *trésorier ;*
Lecesne, *secrétaire.*

Membres : MM. Lumière, Hommey, Boudet, Denizet, Géray, Lubin, Testanière.

Chirurgiens et médecins : MM. BAXTER, RYOMS, WIDOPE et THOMPSON, de l'ambulance irlandaise.

M. PICARD, directeur de l'ambulance, négociant au Havre.

MM. MEUNIER, ANTHOINE, RAIMBERT et HIBLOT, médecins à Châteaudun.

Personnel des ambulances : Internes et infirmiers irlandais ;

Dames des Sacrés-Cœurs, Religieuses de Reuillé, Religieuses de Saint-Paul et Dames de Bon-Secours ;

Mmes CHEVALLIER, COUDRAY, GOUJON, LANAUZE, LUMIÈRE et SENCE, de Châteaudun.

Huit ambulances ont été établies à Châteaudun, savoir :

Au collége 35 lits, Hôtel de la Place 24, maison du capitaine de gendarmerie 6, maison des Dames de Bon-Secours 13, maison de M. de Boisvillette, établissement des Dames de Reuillé ou de la Providence 16, maison des Dames des Sacrés-Cœurs 21, maison Chevallier 13, au total 140 lits.

Les Sœurs de la Providence avaient la direction de l'ambulance de leur maison, et en outre, conjointement avec Mme Lanauze, celle de l'ambulance du collége.

Les Sœurs de Bon-Secours, de l'ambulance de leur maison et de celle de l'hôtel de la Place.

Les Sœurs de Saint-Paul, de l'ambulance de la gendarmerie.

Mme SENCE, de l'ambulance de Boisvillette.

Les Dames des Sacrés-Cœurs, de l'ambulance de leur maison.

Et Mme CHEVALLIER, de l'ambulance établie chez elle.

Les médecins et les Dames des ambulances ont mis un zèle et un dévouement au-dessus de tout éloge, pour soigner les blessés et les malades.

La literie a été prêtée par les habitants de Châteaudun, le linge et les vêtements ont été aussi fournis par eux et par un grand nombre de personnes de différentes localités.

Il est entré 319 blessés et malades, il en est sorti 289, il en est mort 30; blessés guéris 245, amputés 25; malades entrés 30, guéris et évacués 25, décédés 5.

Les militaires soignés dans les ambulances appartenaient à la garde nationale mobile, aux tirailleurs girondins, zouaves pontificaux, francs-tireurs, infanterie de ligne, régiments de marche, cavalerie, artillerie et marins.

46 à 48. BONNEVAL.

Délégué : M. Jumeau, administrateur de l'hospice.
Docteurs : MM. Vassort, Rousset et Broc.
Aides : M. Macquarie, Sœurs, Mlles Fourrier et habitants.

Entrées : 194. — 30 décès.
Journées : en 1870, 4,829; en 1871, 4,398. — Total, 9,227.
Sommes payées : en 1870, 4,953 fr.; en 1871, 4,428 fr. 25 c. Total, 9,391 fr. 25 c.

Rapport de M. Broc, médecin directeur de l'Asile des aliénés.

« .... Notre prédécesseur avait déjà entretenu la Commission de surveillance de l'asile de l'opportunité d'associer cet établissement aux efforts charitables qui se faisaient de toutes parts, et il avait été décidé qu'en principe le concours de l'asile ne leur ferait pas défaut; nous dûmes, à notre arrivée, nous préoccuper de cette même question, et, nous entourant des membres de la Commission, nous empresser d'organiser un petit service d'ambulance... Des salles inoccupées jusqu'alors du vieux palais abbatial furent rapidement appropriées, et plus tard d'autres appartements reçurent des lits, des appareils, des blessés. Bientôt après, nos infirmiers et nos religieuses devaient rivaliser de zèle et d'activité et nous causer l'embarras que nous éprouvons aujourd'hui, celui de décider qui des uns ou des unes ont eu plus d'abnégation et de charité.... L'importance de notre ambulance ne commence à être sérieusement marquée que le 6 décembre.

» Le 2 décembre, à 8 lieues de Bonneval, dans le village de Loigny, dont le nom ignoré pour nous la veille restera à jamais dans notre mémoire, eut lieu un choc terrible entre l'armée française et les troupes allemandes; malgré son héroïsme et son courage, notre armée fut malheureuse; aussi des blessés en grand nombre jonchèrent-ils le champ de bataille, et à l'appel désespéré qui nous arriva le 4 décembre de trois médecins militaires restés au champ de bataille, nous empressâmes-nous de diriger sur le lieu du combat des secours en hommes, médicaments, linge et voitures. C'est grâce surtout à l'ardent patriotisme de M. Dupré, alors maire de Bonneval, que M. l'interne Macquarie put disposer de 80 voitures; en échange de médicaments, du linge, du café, du vin et du cognac qu'il avait transportés sur le lieu de désastres et de souffrances, il lui fut confié 189 blessés qui n'arrivèrent à Bonneval que le 6 décembre dans la soirée.

» Il en fut fait immédiatement trois parts. L'hôpital de Bonneval prit un certain nombre de blessés, à l'asile tous les autres furent pansés, prirent un repas, puis à cause du chiffre restreint de nos lits furent divisés en deux groupes : ceux qui présentèrent les blessures les plus graves nous restèrent, les autres furent installés dans des maisons particulières d'après les indications du maire. Nos confrères de la ville s'occupèrent plus particulièrement de ceux-ci; toutefois, dans la suite, plusieurs d'entre eux revinrent à l'asile par suite des échanges qui s'établirent entre les maisons de cet établissement, dans le but de soigner à l'ambulance de l'asile les militaires dont l'état inspirait des inquiétudes et de confier aux habitants ceux qui entraient en voie de guérison....

» Le nombre des blessés soignés à l'Asile a été de 85 dont 81 blessés français.

» Il en est effectivement entré à l'hôpital de Bonneval 72, dans les maisons 142, compris les 44 ci-après; et dans l'Asile 81, dont 44 n'ont pas séjourné plus de 1, 2 et 3 jours; reste réellement pour l'Asile 37.

» Les sœurs de l'hôpital, les docteurs et les habitants ont rivalisé de zèle; le nombre des blessés reçus et soignés atteste le concours méritoire de tous pour le soulagement des malades et blessés. »

M. le docteur Broc signale aussi les bons offices de M. Laurent Labbé, surveillant en chef à l'Asile.

Il résulte d'un autre Rapport à nous adressé le 6 décembre 1870 par M. Dupré, alors maire de Bonneval, les principaux faits suivants : « Le 5 décembre 1870, vers les deux heures, un brancardier des chasseurs à pied venant de Loigny me remit une lettre à l'adresse du maire de Bonneval, de M. le docteur Challans, chirurgien-major au 7e bataillon des chasseurs de marche, apportant la triste nouvelle en même temps qu'elle renfermait un appel désespéré. (Ici récit du zèle et de l'empressement de tous les habitants à répondre à cet appel.)

» M. Broc s'était empressé de mettre à ma disposition son interne M. Macquarie. Sur les cinq heures, M. Macquarie prenait, avec la direction du convoi, composé de 60 voitures, le chemin de Loigny. Il était accompagné, malgré la rigueur du temps et l'inconnu périlleux des routes, de trois sœurs, dont les supérieures de l'Asile et de l'hôpital, des demoiselles Fourrier de Bonneval et de quelques personnes de bonne volonté. A Pré-Saint-Evroult, adjonction de 20 voitures. A notre arrivée à Orgères, les Prussiens entreprirent de couper le convoi dont ils avaient laissé passer la tête sans l'inquiéter, ils prétendaient entrer en partage des voitures et des provisions. M. Macquarie s'opposa à cette violation du droit des gens et de la Convention de Genève; grâce à son énergie soutenue, le médecin en chef prussien se contenta de n'exiger qu'une vingtaine de voitures. M. Houdebine, clerc de notaire à Bonneval, fit preuve d'une courageuse énergie.

» Le convoi, malheureusement réduit, entrait à Loigny sur les dix heures du soir. Cette nuit même, les aliments apportés furent distribués sous la surveillance de la supérieure sœur Sainte-Monique et de MM. Houdebine et Abadie dépensier à l'Asile. Ces quelques provisions furent bientôt épuisées, non sans un égal partage entre les blessés de l'église et des maisons voisines.

» L'Interne de l'Asile avec Mlles Fourrier et la supérieure sœur Sainte-Elisabeth s'étaient mis à la disposition du docteur Beaumetz; toute la nuit du 5 au 6 on opéra, et pas un instant, le cœur et le courage de ces vaillantes jeunes filles ne furent pris de défaillance; elles aidèrent constamment, tantôt dans les amputations, tantôt dans les pansements.

» Le lendemain, 6 décembre, vers les huit heures, nous étions prêts à regagner Bonneval : une partie du convoi reçut des blessés de l'église que nous confia le chirurgien major Beaumetz; l'autre moitié, réservée aux malades du docteur Challans, prenait à Fougeu son dernier contingent....

» A un kilomètre environ de Sancheville, un détachement de Prussiens uhlans qui suivaient le convoi, se démasqua en essayant de le couper brusquement afin d'enlever une trentaine de soldats qui marchaient. Grâce à l'activité empressée et sage de MM. Houdebine et Abadie, ainsi que des infirmiers de l'Asile qui firent remonter ces malheureux soldats dans les voitures, pendant que M. Macquarie, alors à cheval, se précipitait au-devant des cavaliers, les ennemis tournèrent bride vers Sancheville. C'est pour moi un devoir de consigner ici l'accueil charitable et affectueux de la population de cette commune qui s'est hâtée de préparer ce qui était demandé en improvisant sous les yeux de l'ennemi un léger repas pour nos malheureux soldats épuisés par leurs blessures et par la faim.

» Le convoi entrait à Bonneval vers les cinq heures du soir. La répartition des blessés commença dès le soir même, grâce au zèle dévoué de M. Talbert, juge de paix. M. Macquarie fut détaché par son chef M. le docteur Broc, aux ambulances particulières, et il se mit aussitôt en devoir de panser et soigner ces pauvres blessés.

» Je ne puis laisser ignorer le dévouement désintéressé de M. Mauté, meunier à Bonneval, qui s'est installé dans une maison abandonnée avec dix blessés qu'il a soignés de jour et de nuit, dirigeant cette petite ambulance pendant deux mois. (Témoignages multipliés de reconnaissance de la part des blessés.)

» Dans les bien cruelles épreuves que traversait notre patrie, il appartenait aux maires de ces temps désolés de soutenir le zèle et d'exciter la charité patriotique des populations. Telle a été ma légitime ambition en poursuivant ce but; puissé-je l'avoir atteint!

» Je me permettrai de terminer ce Rapport, Monsieur le Président, en demandant une récompense particulière et proportionnée aux services de chacun pour les personnes dont les noms suivent : Mmes Sœur Sainte-Elisabeth, supérieure de l'hôpital; Sœur Sainte-Monique, supérieure de l'Asile des aliénés; Léontine et Céline Fourrier, de Bonneval.

» MM. Macquarie, interne de l'Asile, Houdebine, Mauté, meunier, Abadie (Joseph), dépensier de l'Asile. »

49. MESLAY-LE-VIDAME.

Délégué : M. Goussard, notaire honoraire.

Docteur : M. Dambraine.

Aides et infirmiers : M. et Mme Chantegrain, régisseurs, Mme Bourgine.

Entrées : 30 blessés. — 1 décès.

Journées : en 1870, 448; en 1871, 1,155. Total, 1,603.

Sommes payées : en 1870, 454 fr. 50 c.; en 1871, 1,155 fr. Total, 1,609 fr. 50 c.

Dans sa séance du 30 décembre, le Comité approuve le voyage de son Président à Meslay-le-Vidame, pour faire disposer au château des lits pour les blessés difficilement transportables à Chartres, en raison de la rigueur du temps, puis à Loigny pour s'entendre avec le major Beaumetz ; voyages effectués les 1er et 2 janvier. Le Comité apprend avec satisfaction le placement de 28 blessés au château de Meslay ; le docteur Beaumetz désignera d'autres emplacements.

Deux blessés étaient déjà confiés à la sollicitude de M. et Mme Goussard et environnés de leurs soins particuliers.

50. SANCHEVILLE.

Docteur : M. Dmokowski.

Aides et infirmiers : M. et Mme Part, Gobet, mobile de Loir-et-Cher, habitants.

Entrées : 41 blessés. — 8 décès.

Journées : en 1870, 621; en 1871, 385. Total, 1,006.

Sommes payées : en 1870, 647 fr. ; en 1871, 391 fr. 50. Total, 1,038 fr. 50.

Rapport de M. le Maire.

« J'ai l'honneur de vous faire mon Rapport sur l'ambulance qui a été établie en cette commune après la bataille du 2 décembre 1870.

» D'abord le local choisi a été la maison d'école dont les deux grandes classes contiguës ont été appropriées pour cet objet. Toute la literie et les autres objets ont été prêtés par des personnes du pays. 41 blessés ont été reçus dans cette ambulance pendant trois mois consécutifs, et dont la majeure partie étaient grièvement blessés ; 7 hommes sont décédés par suite de leurs blessures. Tous ont reçu les soins de M. le docteur Dmokowski, qui, voisin de l'ambulance, s'est occupé à faire les pansements et autres opérations, et qui, par ses bons soins, a obtenu la prompte guérison d'un certain nombre. En dehors de ce service, il se prodiguait encore auprès des autres blessés placés chez les particuliers, puis il faisait ses tournées dans la campagne, et à son retour le soir, il donnait ses ordres pour la nuit, d'où il en est résulté des fatigues telles qu'il dut appeler un aide.

» Je dois signaler aussi deux personnes qui ont été chargées de la direction de l'ambulance, ce sont l'instituteur et sa femme.

» Cet instituteur, outre qu'il était chargé de veiller aux approvisionnements et de tenir la comptabilité, a toujours accompagné et aidé le docteur dans ses pansements, remplissant les fonctions d'infirmier.

» La femme de l'instituteur, Mme Part, était chargée de la cuisine et des tisanes, ainsi que de toute la lingerie ; passant souvent la nuit à la tête des malades, leur donnant tous les soins dont ils avaient besoin et les encourageant.

» Je ne saurais passer sous silence la belle conduite de Gobet (Xavier), mobile de Loir-et-Cher, de la commune de Coulmiers. Il est resté, après sa guérison à l'ambulance, jusqu'à l'évacuation complète comme infirmier auprès de ses camarades ; il a été aussi un auxiliaire très-utile pour le docteur.

» Enfin, je certifie que tous les blessés qui sont sortis ont témoigné leur reconnaissance par des remerciements au docteur pour ses bons soins et à l'administration municipale qui n'a rien négligé pour leur bien-être. »

51. NEUVY-EN-DUNOIS.

Infirmière bienfaitrice : Mme VINCENT.
Sommes payées pour journées : en 1870 et 1871, 126 fr.
Entrées : 3 blessés.

52. CLOYES.

Délégué : M. ISAMBERT, greffier de la justice de paix.

CHATEAU DE BOUVILLE.

Entrées : 15 blessés. — 1 décès.
Docteurs : MM. COSSE, Raoul ROUGEDEMONTANT, Léon ROUGEDEMONTANT.
Infirmiers : Sœurs de Saint-Paul, Dlle LEVEAU, soldat GRAFFOULIÈRES.
Journées : en 1870, 228; en 1871, 241. Total, 469.
Sommes payées : en 1870, 228 fr.; en 1871, 247 fr. 50 c. Total, 475 fr. 50 c.

53. SŒURS SAINT-PAUL.

Entrées : 130 blessés. — 5 décès.
Docteurs : MM. COSSE, Raoul ROUGEDEMONTANT, Léon ROUGEDEMONTANT.
Infirmières : Dames de l'établissement.
Journées : en 1870 et 1871, 2,114.
Sommes payées : en 1870, 1,206 fr. 50; en 1871, 1,003 fr. 50. Total, 2,210 fr.

54. CHEZ MM. LEGRAND ET PARFAIT BROUARD.

Entrées : 18.
Infirmiers : M. et Mme LEGRAND, Mme Parfait BROUARD.
Journées et sommes payées : en 1870 et 1871, 262 fr.

55. YRON (Hospice).

Entrées : 192. — 10 décès.
Journées : en 1870 et 1871, 2,624.
Sommes payées : en 1870, 1,843 fr. 50 c.; en 1871, 839 fr. 75 c. Total, 2,683 fr. 25 c.

Rapport général sur les ambulances de Cloyes, par M. Isambert, du 22 juin 1871.

Après avoir produit le tableau nominatif de tout le personnel des militaires blessés et malades, au nombre de 355, tous provenant de la bataille de Loigny, des combats de Châteaudun, de Marchenoir, de Morée, de Fréteval, dont un grand nombre atteint de maladies, travail certifié par M. le Maire de Cloyes, M. le marquis d'Argent, M. le Délégué s'exprime ainsi : « Cloyes, chef-lieu de canton, 2,600 habitants, station du chemin de fer de Paris à Tours par Vendôme, est traversé par la grande route de Paris à Bayonne et par la rivière du Loir, dont le cours d'eau et les coteaux qui l'encaissent forment la limite naturelle de la Beauce et du Perche, et en même temps une ligne stratégique qui fut attaquée et défendue dans l'affreuse guerre d'invasion que nous venons de subir.

» Nous avons eu autour de nous la lutte et le désastre de Châteaudun, les batailles de Coulmiers et de Loigny, les combats de Bacon, Marchenoir et Binas, ceux si sanglants livrés jusqu'à nos portes de Morée et de Fréteval, la bataille de Vendôme et quelques engagements dans le Perche.

» Si près de la plupart de ces champs de batailles, nous avons eu la mission de recueillir dans nos ambulances 355 militaires français blessés et malades..... Nous avons eu aussi à donner momentanément le logement et la nourriture à plus de 1,200 militaires français fatigués, marchant isolément ou par groupes, suivant ou rejoignant les corps d'armée, sortant d'ambulances, échappés des combats ou évadés des mains de l'ennemi.

» Pour plus de clarté, je divise ce Rapport en quatre chapitres.

» Le 1er comprend l'organisation et l'alimentation des ambulances.

» Le 2e a trait au mouvement des blessés et malades.

» Le 3e résume les faits particuliers.

» Le 4e présente le tableau des dépenses des ambulances.

» Comme appendice, j'ajoute quelques mots sur les ambulances voisines de Montigny-le-Gannelon et de La Ferté-Villeneuil qui ont eu avec les nôtres des relations nécessaires.

» L'hôpital de Cloyes, inauguré le 11 juillet 1869, ne possédant que 6 lits et n'ayant aucune ressource, ne pouvait faire face aux besoins d'une ambulance militaire. Dès le mois d'août, en prévision qu'on enverrait promptement des malades et des blessés, l'administration municipale s'occupa du soin de recueillir des lits chez les habitants, et en fit installer 20 dans l'hôpital, et 20 autres dans la maison d'école des Sœurs de Saint-Paul..... 44 personnes obligeantes fournirent un matériel; ces ambulances suffirent aux premiers besoins des malades des bataillons de marche, logeant en ville ou campant dans les environs, savoir : les mobiles du Gers, du Lot, de la Sarthe, le 46e de marche et autres; les francs-tireurs de Paris, de la Sarthe, de Nantes, des Hautes-Pyrénées, les fusiliers marins, l'infanterie de marine et enfin l'armée de Bretagne, sous le commandement du général Gougeard qui occupa Cloyes dans la première quinzaine de décembre.

» A cette époque, on improvisa les succursales de Bouville, de Legrand, de Brouard et de plusieurs personnes bienfaisantes. On plaça en outre des malades et blessés pendant deux jours et trois nuits dans l'église, sous la surveillance de M. le curé;

d'autres furent emmenés à Montigny, ambulance du château, et à l'hospice de La Ferté-Villeneuil.

» Les trois médecins de la localité, MM. Raoul et Léon Rougedemontant et Cosse, se partagèrent la direction médicale des ambulances; le premier particulièrement de l'hospice, le deuxième des succursales, le troisième de celle des Sœurs, tous avec une égale activité et avec un dévouement extrême.

» Avec ce zèle admirable qui distingue nos religieuses, les Sœurs de Cloyes, dont quatre à l'hospice et autant à l'école, prodiguèrent les soins les plus assidus et les plus multipliés à nos pauvres victimes de la guerre.

» L'administration municipale, après le rapide épuisement de toutes les ressources de l'hospice et du bureau de bienfaisance, pourvut aux subsistances par voie de réquisition de blé, que M. Jonquet, meunier à Cloyes, voulut bien moudre gratuitement et à d'autres denrées et médicaments qu'on acquitta peu de temps après, en contractant des emprunts officieux auprès de diverses personnes.

» La population de Cloyes répondit généralement aux divers appels faits pour linge, vêtements, etc., ainsi que les communes de Langey et de Romilly.

» Toutes ces opérations se réalisaient pendant que l'ennemi, ayant pris possession de notre ville et des environs, le 18 décembre, nous écrasait de réquisitions, devorait nos ressources, pillait nos caves, nos greniers, nos étables, nos basses-cours, épuisait nos maisons de commerce, et s'implantait en maître absolu jusqu'au 9 mars, dernier passage des troupes allemandes, se retirant de leurs positions de la Loire par suite du traité de paix.

» En résumé, à Cloyes, l'organisation, l'entretien, l'alimentation et la surveillance des ambulances sont uniquement l'œuvre de l'administration municipale, accomplie avec le concours des habitants, des médecins de la localité et des Sœurs de l'hospice et de l'école, au milieu de difficultés et de dangers extrêmes. »

M. le Délégué signale, relativement à M. le docteur Léon Rougedemontant, les injures, les mauvais traitements et les menaces de mort que lui ont fait subir les Allemands, le retenant prisonnier pendant trois jours, du 18 au 20, bien que porteur du brassard et malgré sa profession de médecin.

« Dans la nuit du 21 au 22 décembre, à minuit, arrive de Morée et de Fréteval un convoi de 300 blessés presque tous français et 130 prisonniers à peine vêtus, dépourvus de tout et tombant d'inanition.

» On installa précipitamment ces malheureux blessés et prisonniers pêle-mêle dans les salles de la Mairie, sur la paille. Les habitants avertis s'empressèrent d'apporter de la soupe et des vivres et de leur donner des soins jusqu'au départ pour Chartres qui eut lieu le lendemain à deux heures après midi; on fit impitoyablement charger les blessés dans des voitures, mal abrités, et emmener tout d'une traite à Chartres. »

M. le Délégué indique les personnes qui ont rendu des services signalés à ces ambulances, ce sont :

« MM. les docteurs Rougedemontant (Raoul et Léon), Cosse, médecins à Cloyes; les quatre Sœurs de l'école de Cloyes, Dames Cyrille, supérieure, André de la Croix, Marie Sainte-Anne, Stanislas de Jésus, toutes payant le tribut à la maladie par suite de fatigues et du contact; les quatre Sœurs de l'hospice, de la même communauté Saint-Paul, Dames Marie Ephrem, supérieure, qui dirigea l'ambulance avec une intelligence et une énergie remarquables, Félix, Marie-Augustin, Marie-Prudence; Mlle Marceline Leveau, modiste, qui a donné des soins quotidiens aux blessés de l'école des sœurs avec une persévérance digne d'éloges; l'abbé Cochin, curé de Cloyes, qui a dirigé l'ambulance établie momentanément dans l'église, et a visité sans cesse les autres ambulances, sa tâche n'a jamais arrêté son courage et son dévouement, mais elle a totalement épuisé ses forces, car il a succombé aux fatigues extraordinaires de son ministère, le 7 mai 1871; M. Dehert, propriétaire à Cloyes, délégué à la surveillance des ambulances pour en assurer l'entretien et l'alimentation; le soldat Graffoulières du 97e de ligne qui, pendant plusieurs semaines, a fait l'office d'infirmier et est sorti de l'ambulance, le 23 janvier, avec armes, pour regagner son corps (nous souhaitons que cette mention puisse être utile à ce bon et brave soldat), M. le comte de Tarragon, qui envoie

un don de 220 francs et des vêtements; Mme de Pibrac; la générosité des habitants de Cloyes qui fournissent lits, linge, vêtements en grande quantité; les communes de Romilly et de Langey qui envoient beaucoup de vêtements. Je trouve à propos de rappeler ici que c'est grâce au don généreux de 60,000 fr. de Mme la duchesse de Levis-Mirepoix de Montigny, que l'hospice, doté par elle, a pu, pendant l'invasion, devenir l'ambulance principale de Cloyes. »

Avant de terminer ce qui concerne Cloyes, le Président de votre Comité, Messieurs, ne doit pas omettre la fermeté, le courage et l'énergie qu'a déployés notre Délégué, M. Isambert, faisant fonction de maire à Cloyes, pendant l'invasion; les dangers qu'il a courus ne l'ont ni intimidé, ni ralenti dans la mission civique que son cœur généreux lui avait imposée.

AMBULANCE DE MONTIGNY-LE-GANNELON.

Le même Délégué expose que cette ambulance a été installée pour la majeure partie au château, sous les auspices de Mme la duchesse de Mirepoix, partie à l'établissement des Sœurs de la Providence, et partie au moulin. Elle a reçu 80 blessés français du 16 décembre au 8 mars, venant presque tous de Morée et de Fréteval; elle était dirigée par MM. Feret, ancien juge-de-paix à Pont-l'Evêque, Desroque, et Boillet, docteur, assistés de plusieurs aides et de trois cochers conduisant les fourgons et omnibus qui allaient chercher les blessés sur le champ de bataille; on doit signaler la charité tout évangélique du P. Félix des Frères Mineurs des Récollets de Caen, attaché à cette ambulance.

AMBULANCE DE LA FERTÉ-VILLENEUIL.

Le même rapport constate que cette ambulance a été desservie par le docteur Léon Rougedemontant.

En terminant son Rapport si complet et rempli de faits intéressants, M. le Délégué exprime le vœu que si le fléau de la guerre doit encore occuper la France, on s'applique surtout à organiser le service des ambulances militaires d'une tout autre façon que celle dont elles ont fonctionné sur les champs de bataille de nos contrées.

PARTICULARITÉ. — A la date du 15 janvier 1872, le même Délégué écrit au Président de notre Comité, pour faire part d'un phénomène digne d'intéresser la science physiologique et d'émouvoir la touchante sympathie de nos Comités de dévouement et de bienfaisance. « Permettez-moi, Monsieur le Président, écrit M. Isambert, de citer une personne qui mérite toute notre sympathie; je veux parler de Mme X..., jeune femme de notre nouveau notaire, chez lequel nous avions une succursale d'ambulance où étaient soignés quinze blessés amenés du champ de bataille de Fréteval. Mme X... était leur ange de charité, elle aidait les médecins aux pansements, et dut assister un jour aux préparatifs d'une amputation.

» L'émotion fut vive sans doute sur l'esprit de la jeune femme qui était enceinte depuis peu de temps, car l'enfant qu'elle a mis au monde environ huit mois plus tard, n'a qu'une jambe. Ce fut un deuil à Cloyes, lorsqu'on apprit ce malheur, en se souvenant surtout combien Mme X... avait rendu d'excellents services auprès de nos pauvres blessés. Je souhaite de tout mon cœur qu'on ne l'oublie pas, s'il est possible, dans les récompenses qu'on pourrait accorder. »

56. COURTALAIN.

Entrées : 98. — 12 décès.

Docteur : M. CHAUVEAU.

Bienfaiteurs et infirmiers : M. et Mme de GONTAUT-BIRON, Sœurs Saint-Paul, MM. LEMASLES, BRETON, FILLION et veuve GAUTHIER.

Journées : en 1870, 1,126; en 1871, 655. Total, 1,781.

Sommes payées : en 1870, 1,171 fr. 85; en 1871, 668 fr. 75. Total, 1.840 fr. 60.

Extrait du Rapport de M. Darreau, maire de Courtalain, du 2 avril 1872.

« Le passage continuel et le séjour à Châteaudun des troupes françaises et des troupes allemandes, pendant la cruelle invasion de 1870-71, ont déterminé l'établissement spontané et provisoire d'une ambulance à l'école Montmorency.

» Les objets de literie nécessaires furent aussitôt mis à la disposition des sœurs de Saint-Paul, par plusieurs personnes de la localité, et, grâce à la générosité de M. le marquis de Gontaut, cette ambulance put recevoir tous les militaires malades ou blessés sans exception.

» Le 7 novembre 1870, le 20e corps d'armée, sous les ordres du général Fiéreck, vint camper à Courtalain et ce sont les premiers militaires malades de cette colonne qui furent admis dans l'établissement.

» Lorsque la présence de l'ennemi fut signalée, les militaires transportables furent évacués, et le 26 novembre, les Prussiens entraient à Courtalain; le 27, l'armée du duc de Mecklembourg défila par la ville, se dirigeant sur Châteaudun, le pays occupé militairement est en partie livré au pillage; un détachement de cavalerie envahit l'Ecole Montmorency et l'ambulance cesse d'être respectée. Mais à la suite d'instances réitérées, et après de graves difficultés, une des sœurs obtint, par l'entremise du château, un écrit qui mit enfin l'ambulance à l'abri d'une nouvelle invasion. Le 28 novembre arrive un convoi de 34 prisonniers français. Deux femmes, chargées de préparer le repas de nos pauvres compatriotes, furent surprises de se voir, sans aucun motif, retenues prisonnières. Elles purent heureusement faire connaître leur position à l'une des sœurs qui s'adressa à la bienveillance de M. de Gontaut qui parvint à faire mettre les captives en liberté.

» Le passage des Prussiens fut suivi de celui des Français. Le 21e corps, dont une division commandée par le général Rousseau, arriva le 2 décembre. Il y avait alors à l'ambulance 25 militaires. Le 3 décembre, le docteur Perret, médecin de la colonne, délivra 46 billets d'admission; le nombre des malades se trouva ainsi porté à 71. Cette augmentation subite n'entrava nullement la marche du service, elle ne servit au contraire qu'à exciter le zèle des personnes à l'ambulance. Des lits sont vite improvisés, chacun se multiplie et redouble d'ardeur, Mme la marquise de Gontaut se fait infirmière et sœur de charité, le docteur Chauveau visite tous les malades et leur prodigue les soins les plus empressés, tous les dévouements sont à l'œuvre, l'heure du repos est passée et on oublie les fatigues, les privations, pour s'adonner au soulagement de la souffrance et à l'accomplissement d'un devoir de charité et de patriotisme. C'est pendant les mois rigoureux de décembre et de janvier que la tâche a été la plus laborieuse. Le passage successif de troupes a apporté une maladie dangereuse, la variole. Plusieurs militaires, atteints de cette maladie, ont été transférés dans un local voisin, dépendant de l'hôtel de l'Ecu de Montmorency. Cet asile de douleurs, il faut le dire, n'a pas été respecté; les Prussiens, revenus le 15 décembre, se livrent de nouveau au pillage, la salle des varioleux est envahie par une soldatesque arrogante, les volets sont brisés, la croix de Genève est enlevée, l'infirmier obligé de se retirer, et des malades durent fuir pour se soustraire aux brutalités d'un ennemi redoutable. Un habitant inoffensif, Langevin, est frappé mortellement et expire à l'ambulance quelques heures après son arrivée.

» Le combat de Droué a fourni à l'établissement plusieurs blessés. L'engagement qui a eu lieu à Courtalain, le 31 décembre, donna à l'ambulance 11 blessés.

» Ouverte le 7 novembre 1870, l'ambulance a reçu 98 militaires français, donnant 1,861 journées de présence, et 35 militaires allemands, donnant 539 : ensemble 133 militaires et 2,400 journées de présence. Le dernier Allemand est sorti le 18 mars, et le dernier Français le 4 juillet 1871; 10 militaires français et 5 allemands sont décédés par suite de blessures.

» A côté des faits relatés ci-dessus, la reconnaissance impose le devoir de signaler aussi les dévouements qui se sont produits pendant cette triste période de l'invasion étrangère et qui se rattachent à l'œuvre de charité accomplie à l'ambulance.

» En premier lieu, il convient de placer M. le marquis de Gontaut-Biron, le bienfaiteur de l'œuvre. Chaque jour il visitait plusieurs fois les malades, leur prodiguait des paroles de consolation et des soins moraux et matériels, consolait les mourants, accompagnait souvent seul avec une sœur les morts à leur dernière demeure, remplaçait en tout la famille absente.

» M. le marquis a pourvu généreusement à toutes les dépenses de l'ambulance avec le plus noble désintéressement. Il veillait avec une sollicitude toute paternelle à ce que rien ne manquât. Sa première visite du matin, comme celle du soir, était pour ces pauvres malades. Ce fut au moment où il remplissait cette mission de charité que, le 3 janvier 1871, il fut constitué prisonnier par un détachement de hussards commandés par un colonel, pour servir d'otage en cas d'attaque par les Français. M. de Gontaut s'est vu forcé de rester à l'entrée du bourg et sur la route de Châteaudun, par une journée glaciale, à la merci de quelques soldats prussiens, jusqu'au départ du détachement.

» Si M. de Gontaut a rendu d'inappréciables services à l'ambulance, il n'en a pas rendu de moins grands comme maire : sans entrer dans des détails à ce sujet, on peut dire cependant qu'il a préservé le pays menacé par l'ennemi de bombardement et d'incendie, les 26 novembre et 31 décembre, et qu'il s'est dévoué sans réserve pour son pays et ses administrés.

» Mme la marquise a voulu partager les peines et les fatigues de son mari. Elle passait à l'ambulance toutes les heures dont elle pouvait disposer; elle se faisait accompagner par ses enfants auxquels elle enseignait la pratique du dévouement le plus touchant.

» M. le docteur Chauveau a montré, dans ces tristes et douloureuses circonstances, un dévouement à toute épreuve; ses fréquentes visites, ses soins assidus ont rendu la santé à la plupart de ces pauvres militaires, son désintéressement en tout a rehaussé le mérite de ses œuvres; heureux de recueillir la reconnaissance de ceux qu'il rendait à la vie.

» Nommer les sœurs de Saint-Paul de Chartres, c'est mentionner et reconnaître une fois de plus leur dévouement et leur abnégation. Il s'agissait de remplir une œuvre de charité, dès lors elles s'y sont vouées entièrement avec abnégation.

» Citons encore M. Aumoine, pharmacien, qui a apporté son concours le plus empressé dans les soins donnés aux malades; M. Reynard chargé du règlement des dépenses, les infirmiers attachés à la maison : Lemasles, Fillion, Victor Breton et veuve Gauthier.

» En résumé, cette œuvre si méritoire du soulagement moral et corporel des militaires admis à l'ambulance, a été conduite avec zèle et intelligence, elle a excité un dévouement absolu et un désintéressement qui relève le mérite des personnes qui y ont pris part.

» La reconnaissance des militaires pour les soins assidus qu'ils recevaient, s'est déjà manifestée en maintes circonstances.

» Par sa lettre du 10 avril 1872, M. Darreau, maire, écrit au Président du Comité central : M. l'instituteur Leconte, auteur du Rapport, a décrit tous les faits qui se sont déroulés devant lui avec autant de sincérité que de patriotisme; sa modestie ne lui permettait pas de citer son nom, je tiens à remplir cette seule lacune qui existe dans son travail, dans l'espoir de voir constatés ses services rendus au pays. »

57. LA FERTÉ-VILLENEUIL.

Entrées : 111. — 2 décès.
Docteur : M. Rougedemontant.
Infirmiers : Les habitants.
Journées : en 1870, 867; en 1871, 1,080. Total 1,947.
Sommes payées : en 1870, 880 fr.; en 1871, 1,080. Total, 1,960.
Rapport fait précédemment par M. Isambert de Cloyes.

58. MONTIGNY-LE-GANNELON et PONT-L'ÉVÊQUE.

Délégué : le même M. Isambert.
Docteurs : Ambulance de Pont-l'Evêque, docteur Boillet.

Aides et infirmiers : Ambulance de Montigny, MM. FERET, de Pont-l'Evêque, et DESROQUE.

Entrées : 80 blessés — 12 décès.

Journées : en 1870, 1,056; en 1871, 2,594. Total, 3,650.

Sommes payées : en 1870, 1,088 fr. 50; en 1871, 2,627 fr. Total, 3,715 fr. 50.

59. BROU.

Entrées : 113 blessés. — 6 décès.

Docteur : M. TALBERT.

Infirmiers : Sœurs de l'hospice, Mlles DELISLE et MARTIN, 2 infirmiers.

Journées : en 1870 et 1871, 1,353.

Sommes payées : en 1870 et 1871, 1,392 fr.

Pas de Rapport. En réponse à la lettre adressée le 22 janvier 1872, M. le Maire informe qu'il y a eu deux ambulances, celle de l'Hôtel-Dieu et celle du Presbytère, et il signale le zèle de quatre sœurs de l'hospice et d'une sœur appelée de Chartres, des demoiselles Delisle et Martin et du docteur Talbert qui a donné ses soins aux deux ambulances; les médecins de l'ambulance marseillaise lui ont prêté leur concours du 24 novembre au 1er décembre.

Il dit que tous ont fait dignement leur devoir et méritent d'être signalés dans le compte-rendu général.

60. ORGÈRES.

Délégué et Docteur : le docteur LESCARBAULT.

Infirmiers et aides : Dmes LESCARBAULT et GUIMBERTEAU et M. COUDIÈRE (Ernest).

Entrées : 10 blessés. — 1 décès.

Journées : en 1870, 219; en 1871, 163. Total, 382.

Sommes payées : en 1870, 225 fr. 25; en 1871, 163 fr. Total, 388 fr. 25.

Rapport de M. le Délégué, sur Orgères et sur Loigny, du 10 août 1871.

« Le 2 décembre 1870, nul de l'administration municipale d'Orgères ne se chargea d'organiser un service pour les blessés, à peine restait-il dans le bourg la moitié de ses habitants. Ma femme, Mme Guimberteau, ma fille, mon voisin Coudière (Ernest-Edmond), charron, et moi, nous commençâmes par établir une ambulance dans ma maison. Les blessés ne tardèrent pas à arriver dès le matin : les uns pour être pansés, d'autres pour séjourner. Le 5 décembre, je me rendis à la ferme de Moraille pour offrir mes services à M. le chirurgien-major Dujardin-Beaumetz qui les accepta. C'est ce chirurgien des plus distingués qui organisa une ambulance à Loigny pour 1,400 blessés qui s'y trouvèrent d'abord réunis ; et plus tard, dans un rayon de 2 myriamètres et demi, c'est lui qui, de concert avec M. Theuré, curé de la paroisse, resté constamment à Loigny et presque seul pendant la bataille, allant ensuite recueillir les blessés dont son presbytère fut rempli, trouva les moyens de les faire vivre durant les premiers jours, dans un pays dévasté par le pillage et l'incendie.

» A midi et demi, le 2 décembre, M. Theuré, lorsque les obus commençaient à tomber sur Loigny, arbore sur le clocher le drapeau de la Convention de Genève, observe les mouvements de l'armée et se met en mesure de protéger ses paroissiens.

» A six heures et demie du soir, pendant le combat dans les rues de Loigny, alors qu'il tombait une grêle de balles, il est prévenu par la femme d'Isidore Cassegrain que la maison de ce dernier est en proie aux flammes, entourée de Prussiens, que le plancher brûlé s'est effondré, que la trappe de la cave où se sont réfugiées trente-trois personnes est en feu, que la porte de la maison étant fermée à clé, elles sont sur le point d'être asphyxiées, il s'y rend, obtient des Allemands d'ouvrir la porte, de faire sortir ces malheureux qu'il sauve en obtenant un laisser-passer des chefs ennemis ; les pauvres gens disposés à la mort s'étaient rangés par familles, attendant leur dernière heure.

» A sept heures du soir, un cavalier prussien arrache une

poignée de chaume à la toiture de la bergerie de la ferme exploitée par M. Henri Bourgeois, allume le chaume, et, malgré le drapeau blanc à croix rouge, attaché bien visiblement aux murs du bâtiment, il se dispose à incendier la ferme; M. Theuré, qui semble se multiplier et être partout à la fois, saisit la bride du cheval : « Remplie de blessés français et allemands. — Oh! drapeau menteur, répond le Prussien. — Venez voir. — Faites le tour de la ferme et que les hommes armés en sortent. » M. le Curé ne se le fait pas répéter deux fois, exécute l'injonction et revient aussitôt. Le Prussien lui tend la main et s'écrie « Oh! bonne pastour! » Ainsi furent sauvés quelques centaines d'infortunés qui eussent péri par un supplice bien cruel.

» C'est sur ces entrefaites que fut porté au presbytère M. le colonel de Charette aujourd'hui général, l'un des types de la valeur militaire, ne connaissant que son devoir et le véritable amour de la patrie; il venait d'avoir la cuisse traversée par une balle, étant à la tête de son régiment de zouaves pontificaux qui n'ont jamais su reculer dans le danger et ont arrosé les plaines de la Beauce de leur sang généreux. Nous les avons vus tous à l'œuvre, combattant nos infâmes envahisseurs, beaucoup ne devaient plus se relever, nous en avons pansé quelques-uns, nous les avons aimés, nous les aimerons, leur souvenir restera gravé dans nos cœurs. O bon et charmant Sabatier, toi entre autres, nous ne t'oublierons jamais. C'est à M. Beaumetz que nous devons la conservation de la vie précieuse d'un homme aussi distingué par ses vertus que par son courage, l'illustre général de Sonis, tombé à quatre heures du soir, blessé à la cuisse gauche, avec fracture extrême et grave de l'os, et nécessité absolue d'amputation. Le général a passé la nuit du 2 au 3 décembre sur le champ de bataille, d'où il a été emporté au presbytère avec les pieds gelés et une pneumonie.

» M. Labrousse, chirurgien aide-major, a puissamment secondé M. Dujardin-Beaumetz; les autres médecins et chirurgiens militaires ont fait un séjour relativement court à Loigny, chacun d'eux, MM. Challans, Bouchez, Potel, Balot, Barrault, Lamain, chirurgien aide-major des mobiles de la Mayenne, plusieurs autres dont les noms m'échappent ont amplement fait leur devoir. MM. Paul Richer, de Chartres, étudiant en médecine, et Cintract, sont restés dans les ambulances depuis les premiers jours et ne les ont quittées qu'après le départ des blessés de Fains, ils se sont distingués par leur zèle et leur habileté, soit comme aides dans les opérations, soit en faisant chaque jour de nombreux pansements; M. Debray est venu aussi apporter son utile concours.

» A Villepion, M. Barrault, chirurgien de l'armée, le docteur Charles Hême, de Vendôme, M. Desforges (Ernest), maire de Terminiers, ont déployé un très-grand zèle pour l'installation de cette ambulance, pour l'alimentation, les divers soins, opérations et pansements des blessés.

» Je ne dois pas non plus passer sous le silence le sergent des mobiles de la Dordogne, M. Testut, étudiant en médecine, à qui fut plus tard confiée par intérim l'ambulance de Fains, et qui s'est acquitté de son service avec autant de zèle que de talent; comme à Villepion et à Loigny, MM. les docteurs Lucien Championnière, Bassereau et autres de l'ambulance parisienne, ont fait beaucoup d'opérations, non sans succès, aux blessés des ambulances de la commune de Terminiers; ils y sont restés pendant près de trois mois. M. Dureau, instituteur à Terminiers, a recueilli beaucoup de blessés et les a environnés de soins. A Guillonville et Gaubert, MM. Charbonnaud, pasteur protestant, Dallais et Touche, instituteurs, ont été à la recherche des blessés et les ont recueillis; c'est à eux que la famille du duc Albert de Luynes, capitaine des mobiles de la Sarthe, doit d'avoir retrouvé son corps à Nonneville. Mme et Mlle Desforges, Mme et Mlle Dureau méritent une mention favorable. »

M. le Délégué signale la conduite méritoire de plusieurs personnes d'Orgères, et il dit qu'il ne lui appartient pas de mettre en relief le dévouement de Mmes Lescarbault et Guimberteau, sa femme et sa fille, qui le touchent de trop près, mais pour nous qui les avons vues à l'œuvre, nous constatons que ces dames, loin de se rebuter des blessures graves et surtout des fièvres typhoïdes des malheureux blessés recueillis chez elles, n'en ont que mieux redoublé et leurs soins et leur assistance personnelle jour et nuit.

« Il me reste, termine l'honorable Délégué, à rendre un hommage bien mérité au dévouement et au zèle des personnes étrangères au canton d'Orgères qui, dans les moments les plus difficiles, ont tant de fois traversé les lignes des ennemis d'autant plus menaçants qu'ils étaient plus craintifs, arrêtant les secours destinés à nos malheureux blessés, s'en emparant souvent, malmenant les chefs d'ambulances. C'est ainsi que le Comité de Chartres de la Société internationale de secours aux blessés militaires a été maintes fois arrêté, et ce n'est que malgré beaucoup de difficultés qu'il a pu parvenir à Loigny et y apporter de nombreux secours en médicaments, linge et vivres. »

L'éloge inséré à la suite de ce rapport et adressé à votre Président, doit être omis ou reporté tout entier à l'action collective des différents Comités, il ne doit se réserver que l'honneur d'avoir été à la tête d'une œuvre conduite avac tant d'accord et d'ensemble; la personnalité s'efface devant l'initiative et la parfaite coopération de chaque membre des divers Comités et ambulances.

M. le Délégué fait connaître le zélé concours de MM. Penelle, juge de paix, et Bigot, notaire et maire de Voves, qui ont apporté des secours en vivres, médicaments, tabacs, etc. Il adresse aussi des éloges à M. Roche, secrétaire de l'ambulance de Versailles, qui n'a reculé devant aucun obstacle pour venir en aide aux blessés, et à l'ambulance irlandaise, qui toutes deux méritent reconnaissance et récompenses honorifiques, et il finit en disant que les docteurs Molinier, de Paris, et Robin, de Béville-le-Comte, se sont distingués d'une façon toute particulière dans les soins donnés à Loigny, Fains, Reverseaux, Béville, Voves, etc.

61. LOIGNY.

Délégué : M. le curé de Loigny.

Docteur principal : M. le major BEAUMETZ.

Total des blessés, 2,760. — Total des décès, 485 dans les ambulances; non compris les morts sur le champ de bataille.

Journées : en 1870 et 1871, 12,895.

Sommes payées : en 1870 et 1871, 13,553 fr.

Cette ambulance a été défrayée en totalité par le Comité de Chartres, et il a été dépensé (Voir Fains relevé séparément, mais refondu ici) :

Paiements au curé de Loigny, pour remboursements de bons.	7,361 fr.	» c.
Au maire de Voves, pour dépenses générales à Loigny	2,241	05
Dépenses par le Comité de Chartres	3,083	40
	12,685	45

A ces dépenses il faut ajouter celles relatives à la succursale de Fains :

Payé à M. le curé de Fains pour bons.	3,591 fr.	40	4,577	25
A M. le Maire de Voves, pour Fains.	985	85		
			17,262	70

Il a été mandaté pour Loigny, en 1870.	13,553 fr.	»	14,930	50
A recevoir pour 1871	mémoire.			
Pour Fains 1870 et 1er trimestre 1871.	1,377	50		
Reçu de M. le marquis de Beaucorps, propriétaire du château			350	»
			15,280	50

BALANCE :

De.	17,262 fr.	70 c.
Oter	15,280	50
Différence en dépenses et avances par le Comité	1,982	20

non compris voyages, provisions et indemnités ultérieures.

Tout ce qui vient d'être relaté sur Loigny, dans les différentes ambulances, ne nous laisse d'autre tâche que celle de reproduire par extraits les faits saillants d'une correspondance qui indiquera les relations et l'entente entre M. le Chirurgien-major détaché à Loigny et le Président du Comité central d'Eure-et-Loir.

Nous nous empressons de consigner ici le Rapport que nous adresse M. le curé de Loigny, délégué du Comité pour l'ambulance de Loigny et environs.

« Monsieur le Président, comme délégué du Comité de Chartres, j'ai déjà eu l'honneur de vous adresser un compte-rendu financier que votre Comité a bien voulu accueillir et sanctionner en remboursant toutes les dépenses qui s'y trouvaient détaillées. Je croirais ne m'être acquitté qu'en partie de la mission que vous m'avez confiée, si je ne complétais ce premier compte, en mettant sous vos yeux la liste des personnes qui, à ma connaissance, se sont, dans ces jours malheureux, distinguées au service des blessés. Déjà un certain nombre de ces personnes si bien méritantes ont, d'après d'autres rapports et sur la proposition de votre Comité, été récompensées par la croix de Genève et les médailles d'argent que j'ai eu la satisfaction de leur remettre; celles que je viens signaler à l'attention du Comité central, ont certainement par leur courage et leur désintéressement dans les soins donnés aux blessés, acquis les mêmes droits à sa sollicitude. C'est ainsi qu'à Terminiers, dans l'ambulance établie à l'école communale des garçons et où se trouvaient recueillis 78 blessés, Mlle Clémentine Dureau, âgée de 24 ans, s'est distinguée d'une façon particulière par les soins de toute sorte donnés aux blessés ; plusieurs atteints de petite vérole ayant été mis dans un local particulier, cette demoiselle seule s'est dévouée pour se rendre auprès d'eux, afin de leur prodiguer tous les secours réclamés par leur état. Dans la même ambulance le jeune Marin Alfred, âgé de 17 ans, a servi comme infirmier avec une activité remarquable, il secondait volontiers la précédente auprès des varioleux, pour ces services répugnants et dangereux, à l'ambulance établie chez les époux Peigné, où se trouvaient 26 blessés, Visage (Alphonse), ancien militaire, receveur-buraliste, père de famille, s'est chargé avec beaucoup d'abnégation des soins de toute nature auprès des blessés : ceux recueillis chez M. Bourgeois, au nombre de 14, ont été l'objet de soins affectueux dans cette maison. Le dévouement inépuisable du vénérable doyen de Terminiers a été honoré de la croix de Genève. Les trois sœurs de Saint-Paul, directrices de l'école des filles, se sont multipliées pour le pansement des plaies. A Lumeau, où les Allemands avaient établi une ambulance dont la durée s'est prolongée pendant plus de deux mois, M. Renard, instituteur, a rendu des services signalés aux nombreux blessés français déposés chez lui et il s'est mis à leur disposition pour faire parvenir de leurs nouvelles à leurs familles ; il a admirablement secondé sur ce point son vénérable curé, M. l'abbé Morice, qui absorbé par les soins de son ministère réclamé de toutes parts, ne pouvait suffire à tout. Il serait injuste de ne pas mentionner ici la noble générosité des propriétaires du château de Lumeau où plus de 100 blessés français furent accueillis dans les meilleures conditions. Inutile d'ajouter que les Allemands ayant pris la direction de cette ambulance, rien de ce qui composait l'ameublement de cette maison ne fut retrouvé par les propriétaires. A son retour, Mme de Lumeau se mit à soigner elle-même les Français que la gravité de leurs blessures n'avait pas permis d'évacuer, lors du départ de l'ambulance allemande. J'ose vous demander pour cette maison la distinction si bien méritée qui a été accordée au château de Bazoches-les-Hautes.

» A propos de l'ambulance établie dans cette commune, je n'ai qu'à confirmer le mérite de ceux que votre sollicitude a déjà su y découvrir. M. l'abbé Pasquier, curé de la paroisse, et M. Vallet, instituteur, y ont rivalisé de zèle pour procurer à nos pauvres blessés français confondus au milieu des Allemands, les plus douces consolations. A Tillay-le-Péneux, Mlle Eugénie Pescheux, institutrice, s'est distinguée, après la bataille du 2 décembre, en soignant les blessés ; le jour de la bataille, quelques blessés bavarois furent amenés chez elle, ils y trouvèrent les soins les plus dévoués. Devant la douleur, il n'y a plus d'ennemis, il n'y a plus qu'un homme qui souffre et qu'on doit soulager ; elle se mit en outre à la recherche des blessés français et continua à leur égard, son œuvre de dévouement. M. l'abbé Lancelin, curé de la paroisse, s'est montré à la hauteur des circonstances, beaucoup de blessés se souviendront longtemps de son zèle infatigable et de son inépuisable charité. Permettez-moi de vous signaler le nom de M. Lamain, chirurgien des mobiles de la Mayenne, aujourd'hui médecin interne à l'hôpital des aliénés de la Mayenne. Le nom de M. le chirurgien-major Dujardin-Beaumetz étant au-dessus de tout éloge, je ne le mentionne pas, il vous a déjà été indiqué ainsi que celui de ses intrépides confrères.

» Enfin, Monsieur le Président, je me fais un devoir de vous rappeler, en terminant, l'héroïsme de cette femme généreuse, Emélie Jousset, femme Cassegrain, qui, au péril de sa vie, vint m'avertir au presbytère que sans un prompt secours, 33 personnes du village retirées dans la cave de sa maison allaient infailliblement périr asphyxiées par la fumée. Votre Comité en accordant à cette femme généreuse un secours en argent, à titre de récompense, si cela était en son pouvoir, ferait certainement une bonne œuvre, car les épreuves ont été grandes dans cette famille si cruellement éprouvée par l'incendie. Veuillez vous faire auprès de votre Comité l'interprète de nos sentiments les plus respectueux... »

Lettre du 17 décembre 1870 de M. Beaumetz.

« Depuis plusieurs jours, le service des évacuations sur Chartres est interrompu, il y aurait environ 150 blessés susceptibles d'être évacués d'ici à une huitaine de jours. Les ambulances prussiennes d'Orgères et de Villeprévost doivent partir dans une couple de jours ; les blessés français qu'elles ont jusqu'à présent soignés, doivent passer à notre ambulance. Je vous prie, Monsieur, de vouloir bien envoyer tous les jours à Loigny cinq voitures bâchées et suspendues ; les blessés que nous devons faire transporter maintenant auraient trop à souffrir dans les charrettes ordinaires, le mauvais temps ne permet pas de les transporter à découvert. Il est urgent que nous fassions partir de Loigny et surtout de Villepion, tout ce qui peut supporter ce transport. Nous commencerons à évacuer les amputés de jambes sur Voves et Chartres, j'ai l'intention de demander à Mme Gouvion Saint-Cyr si elle peut en recevoir quelques-uns à son château de Reverseaux. Nous avons, M. le Président, besoin de pain, de vin, de riz, d'alcool camphré, de bois de réglisse pour tisanes, je vous serai reconnaissant si vous pouvez nous envoyer tout cela dans le plus bref délai. »

Lettre du même au même, du 20 décembre.

« La tournée que je viens de faire aux environs de Loigny, m'a fait partout rencontrer des blessés français, les uns soignés dans les ambulances prussiennes, d'autres par une fraction de l'ambulance Trélat, d'autres enfin visités de temps en temps par les médecins du pays ou abandonnés à l'inexpérience des villageois qui les ont recueillis, soit même à l'empirisme et au hasard. Ce sont, M. le Président, ces motifs qui m'avaient fait vous demander d'organiser un service régulier d'évacuations entre ces localités et Chartres, service dont Loigny serait le centre, et vous prier de m'envoyer régulièrement des voitures bâchées et suspendues, pour atteindre rapidement et avec sécurité pour les blessés, le but que la Société et nous, avons assigné à nos persévérants efforts. Notre service s'est d'ailleurs beaucoup simplifié; les blessés transportables devant d'ici à quelques jours être tous transportés à Chartres, resteront les amputés et les malheureux qui devront être amputés dans une ou deux semaines, et c'est évident, Monsieur, que les soins à donner aux amputés ne peuvent être confiés à des mains inexpérimentées. (Ici, M. le Major, se préoccupant de la nécessité de rentrer à l'armée, signale les moyens à employer pour assurer le service des grands blessés.) Je n'abandonnerai pas les malades, mais vous devez comprendre, M. le Président, combien nous faisons faute à nos régiments au moment où l'armée va entrer dans une suite de marches et de combats. Veuillez, M. le Président, donner tous vos soins à l'examen de ces questions importantes, la solution m'en paraît possible, et vous simplifierez ainsi un service qui, dans des conditions opposées, deviendra de plus en plus embarrassant et qui serait préjudiciable à la santé des blessés, confiés à nos soins et à notre dévouement.

Lettre du même, du 7 janvier, approuvant l'installation proposée au château de Meslay-le-Vidame.

PARTICULARITÉS. — *Lettre du général de Sonis, du 28 janvier, à votre Président :*

« Monsieur, je pars aujourd'hui de Loigny pour aller, s'il plaît à Dieu, achever ma guérison chez M. le marquis de Gouvion-Saint-Cyr, au château de Reverseaux. Je veux, avant de partir, vous adresser mes remercîments pour toutes vos gracieuses attentions pour moi. En cette circonstance, Mme de Sonis se réunit à moi pour vous prier d'agréer l'expression de nos sentiments les plus reconnaissants. »

Lettre de M. le baron de Charette, du 20 mars, au même.

« Monsieur, obligé de m'absenter, je n'ai pu répondre plus tôt à la lettre que vous m'avez fait l'honneur de m'écrire au sujet de la phrase sur mon Rapport qui a trait aux ambulances internationales. Comme vous le dites fort bien, Monsieur, je n'ai entendu parler que des ambulances attachées aux corps d'armée, et loin de moi la pensée de vous confondre avec elles. Je serais en effet bien ingrat si j'oubliais tous les soins empressés et de toute sorte que vous nous avez prodigués ; je tiens à le dire hautement, sans vous et la charité des communes environnantes, nous mourions littéralement de faim, et les 2,000 blessés qui se trouvaient à Loigny, restaient sans soins d'aucune sorte. Puisse le témoignage que je vous rends, réparer un oubli que je regrette vivement et veuillez l'accepter comme l'expression de notre profonde gratitude. »

Nous savons que MM. Fouquet de Beauvilliers et Faucheux de Villereau, de la commune de Loigny, ont reçu de nombreux blessés; nous signalons leur belle conduite sans en connaître les détails.

62. LUMEAU.

Entrées : 189 blessés. — 33 décès.
Docteur : Ambulance allemande.
Aide et infirmier : M. le curé MAURICE.
Journées : en 1870 et 1871, 2,919.
Sommes payées : 3,127 fr.

M. le Délégué d'Orgères signale M. Maurice, curé de Lumeau, dont le presbytère fut envahi, tandis que le 2 décembre il prodiguait des soins aux blessés français sur le champ de bataille, soins qu'il a continués ensuite.

63. TERMINIERS.

Entrées : 202 blessés. — 50 décès.
Docteurs : BARRAULT, chirurgien de l'armée, docteur Charles HÊME de Vendôme, Lucas CHAMPONNIÈRE, BASSEREAU de l'ambulance parisienne :
Infirmiers : DUREAU, instituteur, M., Mme et Mlle DESFORGES, de Villepion.
Journées : en 1870, 3,113; en 1871, 201. Total, 3,514.
Sommes payées : en 1870, 3,631 fr. 50; en 1871, 246 fr. 50. Total, 3,878 fr.

Il y a au dossier une délibération du Conseil municipal du 22 juin 1871 d'où il résulte une réclamation plus considérable que le montant des journées ci-dessus relatées, et un blâme énergique sur la conduite inqualifiable du personnel des ambulances qui se trouvaient dans la localité au moment de la bataille du 2 décembre, et ayant suivi la retraite de l'armée en abandonnant les nombreux blessés disséminés dans la commune aux soins exclusifs des habitants qui, durant cinq jours consécutifs, ont eu ces blessés à leur charge personnelle, sans recevoir des secours d'aucune part.

63 *bis*. GUILLONVILLE.

Lettre du Maire écrite du 28 novembre 1871.

« La bataille du 2 décembre, à la suite de laquelle les Allemands ont repris Orléans, était précédée du combat de Villepion livré le 1er et tout à l'avantage de nos armes. Nous avons été spectateurs de ces combats qui ont commencé à Guillonville même. Le soir du jeudi 1er, une heure après avoir vu nos fantassins marcher allègrement à l'ennemi, nous avons connu dans toute leur horreur les maux de la guerre : 50 blessés, apportés par leurs camarades, arrivaient à l'école transformée en ambulance, la classe et le logement de l'instituteur étaient si encombrés qu'on dut envoyer les autres blessés à l'église, qui en reçut 150 environ. Jamais on ne passa pareils jours et nuits : tant de douleurs à soulager et aucune ressource; au bruit de l'épouvantable canonnade, presque tous les habitants effarés s'étaient enfuis, quelques personnes dont on ne saurait assez louer le dévouement restèrent seules pour donner leurs soins à nos pauvres soldats. Nous n'avions pas un blessé prussien. Sur le nombre total des blessés rappelé plus haut, les moins atteints furent, par ordre militaire, dirigés le 2 sur Orléans, tous les autres nous restèrent sans qu'il ait été possible de leur procurer un médecin. Les vivres et les soins donnés aux blessés dans la mesure du possible, ont coûté cher aux bienfaiteurs. Ils ne le regrettent point, mais comme il a été accordé pour cet objet une indemnité à bien des communes, je désirerais que mes administrés fussent aussi récompensés, non de leurs soins, mais de leurs déboursés.

» Malheureusement je ne puis vous fournir la liste des soldats soignés ici pendant une quinzaine de jours; les noms n'ont pas été pris et beaucoup d'hommes étaient trop mal pour donner les renseignements nécessaires; au reste on n'a pas songé à les leur demander. Il a été enterré 24 de ces blessés dans le cimetière; il a été impossible de connaître leur état civil, il y en avait de toutes armes. »

M. le délégué d'Orgères mentionne particulièrement M. Jérôme Gallais, instituteur à Guillonville, et M. Touche-Guillon, instituteur à Guillonville, qui ont fait preuve du plus grand zèle et du plus grand dévouement en allant à la recherche des blessés français qu'ils ont d'abord recueillis, fait nourrir et soigner.

A défaut d'indication précise et dans l'impossibilité de produire aucun document à la Sous-Intendance, le Comité de Chartres a voté en faveur de cette ambulance une indemnité fixée à 400 fr.

64. CORMAINVILLE. (Séance du 28 avril.)

Délégué : M. DREUX, conseiller général.
Docteur : M. WLADIMIR DMOKOWSKI.
Infirmiers : M. et Mme DREUX, Sœur de Saint-Paul.
Entrées : 49 blessés.
Journées et sommes payées : en 1870, 1,102; en 1871, 1,362. Total, 2,664.

L'active participation de M. et Mme Dreux et de leur mère, aux soins des blessés dont la majeure partie a été recueillie par eux, n'a peut-être pas permis à notre Délégué de rédiger un rapport de détail, rendons à ces bienfaiteurs un hommage bien mérité.

65. PÉRONVILLE.

Entrées : 42 blessés. — 3 décès.
Délégué : M. DREUX.
Docteur : WLADIMIR DMOKOWSKI.
Infirmier : M. LINGET.
Journées : en 1870, 931.
Sommes payées : 959 fr. 50.

65 *bis*. BAZOCHES-LES-HAUTES, CANTON D'ORGÈRES.

RÉCLAMATION TARDIVE.

Ce n'est que le 2 décembre 1871 que dans une conversation avec M. Rey, propriétaire du château de Bazoches-les-Hautes, le Président fut informé qu'il y avait eu des blessés français dans cette ambulance spécialement destinée aux blessés allemands, des états furent demandés et adressés, mais la lettre d'envoi de pièces datée du 14 décembre 1871 n'a été reçue à la Préfecture que le 29 décembre et transmise au Président qu'après le 31 décembre, époque rigoureuse d'éviction ; il n'y aura donc à recevoir que les journées de 1871, au total, 197 fr. 50.

AMBULANCE DU CHATEAU DE BAZOCHES-LES-HAUTES.

Entrées, 13 blessés. — 3 décès.
Journées : en 1870 et 1871, 423.

AMBULANCE DE LA COMMUNE.

Entrées : 88 blessés. — 43 décès.
Journées : en 1870 et 1871, 805.
Sommes payées : en 1870 et 1871, 197 fr. 50 c.

Lettre de M. le Maire.

« M. le Président, vous me faites l'honneur de me demander la liste des blessés français qui ont été soignés dans ma commune par les ambulances n°s 23 et 9 du 13e corps d'armée prussien.... Il y a beaucoup de soldats et d'officiers dont nous n'avons jamais su les noms..... Comme il était défendu aux hommes de sortir après six heures du soir, sous peine d'être fusillés, les habitants étaient prisonniers chez eux..... Jamais l'instituteur n'a pu obtenir les renseignements nécessaires pour dresser les actes de décès, bien qu'il se fût adressé au chef de l'ambulance, en lui exposant que les intérêts des familles seraient compromis.....

» Les dépenses nécessaires pour l'entretien des deux ambulances simultanées nous ont coûté énormément, nous n'avons reçu aucun secours. M. Frot, des ambulances du Loiret, nous a demandé des renseignements au mois d'avril, en nous promettant de nous secourir; nous attendons encore. J'ose espérer une légère allocation pour les habitants de ma commune. »

66. COURBEHAYE.

Entrées : 9 blessés.
Journées et sommes payées : en 1870 et 1871, 569.

67. FONTENAY-SUR-CONIE.

Entrées : 49 blessés. — 4 décès.
Délégué et docteur : Le docteur Lescarbault.
Infirmiers : Habitants.
Journées : en 1870, 574; en 1871, 180. Total, 754.
Sommes payées : en 1870, 600 fr.; en 1871, 180 fr. Total, 780 fr.

M. et Mme Besseteaux ont recueilli des blessés auxquels leur sollicitude n'a pas fait défaut : beaucoup d'habitants ont montré le même dévouement.

68. SAINT-JEAN-DE-REBERVILLIERS.

Entrées : 2 blessés.
Journées : en 1870 et prix, 52 fr.

68 *bis*. CHATEAUNEUF.

Châteauneuf a reçu des blessés, dont la plupart ont été reversés sur Chartres.

Pas de Rapport ni de production de pièces. Docteur Poulain signalé pour son dévouement.

69. LA FERTÉ-VIDAME.

Entrées : 95 blessés. — 9 décès.
Directeur : M. de Fontenay, maire.
Infirmières : Sœurs de Saint-Paul.
Journées : en 1870, 881.
Sommes payées : en 1870, 926 fr. 50.

Lettre de M. de Fontenay, du 19 décembre 1871.

« . . . . . Vous me demandez, Monsieur, un rapport sur les principaux faits concernant notre ambulance, et les noms des personnes qui se sont vouées à cette œuvre.

» Nous n'avons point eu de blessés, mais seulement des malades par suite de fatigues, d'intempéries, et puis d'autres atteints de la variole. Ce sont Mmes les Sœurs de Saint-Paul qui ont dirigé les secours, c'est dans leur établissement (Ecole des filles et salle d'asile) que l'ambulance était établie et dans une autre grande maison dont les propriétaires étaient absents. En dehors des infirmiers militaires, j'ai mis à leur disposition tout le personnel qu'elles m'ont demandé pour les aider dans leur pénible tâche. Je n'ai point d'autre fait saillant à vous signaler. »

70. DREUX.

Aucune participation de notre Comité.

SAINT-ANGE-ET-TORÇAY.

29 journées ; pas de réclamation.

71. NOGENT-LE-ROTROU.

(Séances des 1er décembre 1870, 4 février 1871.)

Cette ambulance constituée et agissant séparément du Comité de Chartres, a compris dans ses états, en les centralisant avec elle, les ambulances de Thiron, Beaumont-les-Autels, La Bazoche-Gouet et Argenvilliers qui d'abord nous avaient adressé leurs feuilles numériques préparées par nous, puis rendues, sur sa demande, à M. Bailly, président du Comité de Nogent-le-Rotrou.

M. Bailly se proposait de remettre au Comité de Chartres son Rapport spécial pour l'annexer à ce compte-rendu, mais aucun document de cette nature n'est parvenu à votre Président, dont l'intervention s'est bornée à signer les mandats et à en rétablir le montant intégral à M. Bailly.

Les mandats comprenaient :

Journées payées : en 1870, 8,307 fr. 80; en 1871, 9,145 fr. 05.

Et formant un total de *journées :* 17,124; *payées*, 17,452 fr. 85.

71 *bis*. LA LOUPE.

Nous ignorons les détails de cette ambulance, dont toutes les pièces ont été remises à M. Bailly, président du Comité de Nogent-le-Rotrou avec lequel le Comité de La Loupe était exclusivement en rapport, ainsi que l'indique la lettre de M. le docteur Pichot, du 13 janvier 1872, en réponse à la nôtre du 12.

72. NONVILLIERS-GRANDHOUX.

Entrées : 9 blessés.
Journées : en 1870, 51.

73. NOGENT-LE-ROI.

Entrées : 13 blessés.
Journées : en 1870, 57.

Sur avis donné au Président de votre Comité par le Président du Comité de Nogent-le-Roi que cette ambulance avait fonctionné depuis le 4 octobre jusqu'au 4 février : « Nous sommes en déficit, écrivait-on le 22 octobre 1871, de 562 fr. dus au couvent des Sœurs de Saint-Paul et au pharmacien; nous avons fourni à l'Intendance de Chartres des pièces régulières pour un mandat de 57 fr. M. l'Intendant nous prie de nous adresser à vous, nous tenons à votre disposition les renseignements sur notre ambulance..... »

Votre Président, cette lettre reçue, envoye à Nogent-le-Roi M. Martin, de l'Hôtel-Dieu, avec mission surtout de régulariser la feuille nominale relativement aux 562 fr., il a été impossible de lui donner aucun détail sur cette réclamation, notre comptable n'a pu constater que les 57 journées ci-dessus portées.

RELEVÉ GÉNÉRAL

DES

BLESSÉS, DÉCÈS, JOURNÉES

ET

SOMMES MANDATÉES

Pour chacune des Ambulances.

1° Ambulances relevant directement du Comité central de Chartres et défrayées par lui.

4	1	Ecole normale	97	19	5,731	5,854	50	15,781	49	9,926	99
5	2	Théâtre	119	19	5,586	5,708	50	9,548	79	3,840	29
7	3	Petit-Séminaire	44	2	2,292	2,305	»	3,015	65	710	65
9	4	Sœurs Notre-Dame. . . .	43	1	2,385	2,391	50	4,459	35	2,067	85
10	5	Institution Rouillon . . .	47	1	2,122	2,128	50	3,429	15	1,301	45
13	6	Visitation	16	»	750	750	»	844	55	94	55
16	7	Roussillon.	9	»	310	310	»	615	95	305	95
18	8	Joliet	30	1	1,138	1,144	50	2,271	87	1,127	37
19	9	Vincent	14	»	702	702	»	979	80	277	80
20	10	Mauger	7	»	292	292	»	349	63	57	63
34	11	Voves : Mairie, Écoles, Gend[ie]	Voir n° 33	»	702	727	»	1,098	61	371	61
61	12	Loigny	1,944	109	12,895	13,553	»	12,685	45	2,332	20
39	13	Fains	58	7	1,232	1,377	50	4,577	25		
			2,428	159	36,137	37,244	»	59,658	34	22,414	34

2° Ambulances relevant directement du Comité de Chartres, et non défrayées par lui, avec Délégués spéciaux.

1	2	Hôtel-Dieu, Saint-Brice. .	931	197	32,762	40,583	»	St-Br. 235	60	»	
		Combat de Luisant. . . .	26	12	»	»		»		»	
	3	Josaphat.	160	2	9,011	9,024	»	»		»	
	6	Grand-Séminaire.	21	»	1,358	1,358	»	440	85	»	
	8	Saint-Paul.	31	1	2,432	2,438	50	292	04	»	
	11	Providence	11	»	800	800	»	58	90	»	
	12	Dames-Blanches	44	»	1,668	1,687	50	72	90	»	
		A reporter. . . .	3,652	371	84,168	93,135	»	60,758	63	22,414	34

Nos d'ordre.	AMBULANCES	BLESSÉS	DÉCÈS	JOURNÉES	MANDATS	DÉPENSES	EXCÉDANT
	Report. . . .	3,652	371	84,168	93,135 »	60,758 63	22,414 34
14	Bon-Secours.	45	10	1,707	1,765 50	402 85	»
15	Petites-Sœurs	5	»	473	473 »	»	»
17	Marcotte.	33	»	1,437	1,443 75	117 80	»
21	Girard.	6	»	367	367 »	30 60	»
22	Ambulances particulières.	146	6	»	»	91 05	»
23	Prison.	117	»	3,905	3,905 »	853 80	»
25 *bis*	Sours (château)	Comprise en totalité dans les ambulances particulières de Chartres.					
26	Béville-le-Comte	40	3	1,963	1,988 50	»	»
26 *bis*	Houville.	Blessés compris dans d'autres ambulances; journées non réclamées.					
29 30	Illiers.	166	26	7,967	8,136 25	24 »	»
31	Janville	118	16	9,011	9,227 50	2,500 »	»
33	Epernon.	30	4	776	789 »	300 »	»
34	Voves (Ambul. particulières) .	341	17	3,802	3,892 »	5 10	»
35	Boisville-la-Saint-Père . .	13	1	737	743 50	»	»
36	Honville.	2	»	76	76 »	»	»
37	Viabon	3	1	236	236 »	»	»
38	Ouarville	20	»	846	846 »	»	»
40	Montainville.	21	3	1,056	1,075 50	»	»
41	Germignonville	13	1	479	485 50	»	»
42	Baignolet	12	3	410	429 50	»	»
43	Rouvray-Saint-Florentin .	18	13	1,200	1,200 »	»	»
44	Prasville.	14	»	921	921 »	»	»
43 *bis*	Villars, aucune pièce produite. — Villeau, quelques journées à comprendre dans l'état supplémentaire.						
45	Châteaudun	323	31	9,389	9,794 »	»	»
46	Bonneval, asile						
47	Id., hospice	194	30	9,227	9,391 25	»	
[illegible]	Id., [illegible]						»

65	Péronville.	42	3	931	950 50	»	»
65 *bis*	Bazoches-les-Hautes . . .	101	16	1,288	197 50	Tardive production de pièces.	
67	Fontenay-sur-Conie. . . .	49	4	754	780 »	»	»

3° **Ambulances sans Délégués ou sans autre connexité qu'une pure formalité.**

24	Barjouville.	2	»	180	180 »	»	»
25	Poisvilliers.	1	»	33	33 »	»	»
27	Moinville-la-Jeulin	1	»	67	67 »	»	»
27 *bis*	Courville	Sans indication que 600 blessés, sans en désigner aucun					»
28	Pontgouin.	34	2	765	778 »	»	»
32	Maintenon.	75	»	722	722 »	5 »	»
43 *bis*	Reverseaux	16	»	Journées non réclamées ni indiquées.			»
50	Sancheville	41	8	1,006	1,038 50	»	»
51	Neuvy-en-Dunois.	3	»	126	126 »	»	»
56	Courtalain.	98	12	1,781	1,840 50	»	»
59	Brou	113	6	1,353	1,392 »	»	»
62	Lumeau.	189	33	2,919	3,127 »	»	»
63	Terminiers.	202	51	3,514	3,878 »	42 40	»
63 *bis*	Guillonville	200	24	Pas d'indication de noms ni de journées.			»
66	Courbehaye	9	»	569	569 »	»	»
68	Saint-Jean-de-Rebervilliers	2	»	52	52 »	»	»
69	La Ferté-Vidame.	95	9	868	926 50	»	»
70	Dreux (néant)	»	»	»	»	»	»
	Torçay-Saint-Ange	3	»	29	»	»	»
71	Nogent-le-Rotrou.	923	32	17,134	17,452 85	»	»
72	Nonvilliers-Grandhoux . .	9	»	51	51 »	»	»
73	Nogent-le-Roi	»	»	57	57 »	»	»
	TOTAUX. . . .	8,176	769	190,663	202,257 10	65,142 68	22,414 34

AMBULANCES ALLEMANDES A CHARTRES.

Nous avons indiqué précédemment les établissements occupés à Chartres par les malades et blessés de l'armée allemande : personnellement, à Orgères, à Voves et à Chartres nous avons rempli notre devoir comme Président de société de secours aux blessés; nous avons d'abord visité l'ambulance allemande de Saint-Ferdinand avec le docteur russe, M. Huelbennet, la manière dont nous avons été accueilli, nous a démontré que toute ingérence, quelque loyale qu'elle soit, serait mal reçue, et nous nous sommes dispensé d'intervenir; ce n'est pas inutilement qu'on a sollicité de nous l'exécution de l'art. 6 de la Convention de Genève et quels que soient les mécomptes et les douleurs que nous ayons subis dans nos propres asiles hospitaliers, nous n'avons cessé d'être fidèles et scrupuleux observateurs des traités internationaux : nous en donnerons ici une nouvelle preuve en relatant intégralement les Rapports qui nous ont été fournis par les personnes préposées à ces ambulances, et en leur remettant les distinctions honorifiques accordées pour ce genre de services aux blessés ou malades.

HOTEL-DIEU.

Rapport de M. Auguste Lefebvre, l'un des administrateurs de cet hospice.

« Le premier allemand entré à l'Hôtel-Dieu est le nommé Karl Keimer, hussard au 16e régiment prussien, blessé le 5 octobre 1870 à Maintenon et amené le même jour à l'hôpital, d'où il est sorti le 8, pour être dirigé sur Angers.

» 21 octobre 1870, occupation de la ville par les Allemands.

» 25 octobre, l'ambulance n° 5 du 11e corps d'armée occupe la moitié de l'Hôtel-Dieu (service des femmes et des enfants), médecin en chef, M. Burchardt.

» Elle en sort le 26 février 1871.

» L'occupation de l'Hôtel-Dieu par les malades allemands devait donner lieu à une indemnité en faveur de cet établissement, ainsi qu'il ressort d'une lettre du commandant prussien Brix à M. le Maire de Chartres, dont voici un extrait : (Novembre 1870.) « Monsieur le Maire, on vous avait annoncé qu'on » fournirait les portions pour le nombre des malades et blessés » qui recevaient la nourriture par l'Hôtel-Dieu, comme cela est » impossible par raison des grandes difficultés qui sont liées » avec le complément de cela, j'ai donné les ordres pour qu'on » vous présente demain un bon sur le nombre des portions qui » sont données jusqu'aujourd'hui par les Sœurs du dit hôpital, » et qu'on répète cela tous les huit jours. Je suis convaincu que » ces bons seront honorés par notre Intendance, lorsqu'il sera » possible de les lui présenter. »

» Le 27 février 1871, après l'armistice, l'ambulance n° 12 du 4e corps d'armée prend possession de la partie de l'Hôtel-Dieu qu'occupait la 5e ambulance, en vertu d'un traité conclu le 2 mars 1871 entre la Commission des hospices et M. Vogel, médecin en chef de cette 12e ambulance, au prix convenu de 1 fr. 20 par journée d'homme traité, en outre de 17 fr. 20 pour l'inhumation d'un catholique et 14 fr. pour un protestant.

» Les médicaments sont fournis par l'ambulance allemande; il en était de même pour l'ambulance précédente.

» Cette ambulance quitte l'Hôtel-Dieu le 16 mars 1871, jour de l'évacuation de la ville par l'armée prussienne. Elle n'y a laissé en traitement que le uhlan Boyer, qui n'est sorti que le 1er mai 1871.

» Du 16 novembre au 1er décembre 1870, l'Hôtel-Dieu a fourni la nourriture aux militaires allemands de l'ambulance de l'embarcadère.

» Il les a blanchis pendant toute la durée de cette ambulance. »

MOUVEMENT DES MALADES ALLEMANDS A L'HÔTEL-DIEU :

	Jours.	Journées.	Moyenne des malades.
25 octobre au 30 novembre 1870 .	37	4,629	125
Décembre.	31	5,229	169
Janvier 1871	31	4,132	133
Février.	26	2,656	102
Du 27 février au 16 mars . . .	19	1,074	56
	144	17,720	

Moyenne par jour sur l'ensemble des malades, 123 malades.

DÉCÈS.

Outre les militaires décédés dans l'Hôtel-Dieu, l'autorité allemande avait imposé à l'administration le soin de centraliser dans la salle des morts établie à l'hopital, les corps des militaires décédés dans toutes les ambulances allemandes de la ville, et de pourvoir à leur inhumation.

C'est ainsi qu'il est sorti de l'Hôtel-Dieu pour y être inhumés :

Militaires catholiques 164, protestants 92, en tout 256 décès.

FOURNITURE DU VIN AUX AMBULANCES.

L'Hôtel-Dieu a fourni pour le compte de la ville, aux ambulances allemandes établies dans les différents quartiers, le vin qu'elles réclamaient; cette fourniture s'est élevée à 45 pièces et demie.

RELEVÉS NUMÉRIQUES. CONSTATATION DES SOINS DONNÉS.

Les relevés des journées de présence à l'Hôtel-Dieu des blessés et malades allemands ont été établis chaque mois, par les chirurgiens allemands eux-mêmes. Chacun de ces relevés constate que la nourriture donnée aux malades était bonne et suffisante. De son côté, M. Vogel, médecin en chef de la 12e ambulance, a, en quittant l'Hôtel-Dieu le 16 mars, laissé à l'administration un certificat ainsi conçu : « Le soussigné médecin en chef atteste à l'administration de l'Hôtel-Dieu, très-volontiers, qu'il a été content avec le traitement que les malades de l'ambulance ont trouvé dans l'hôpital. »

AMBULANCE DE L'EMBARCADÈRE.

Rapport de M. Germond, sous-chef de gare à Chartres.

« Monsieur le Président, en décembre 1870, une partie des bâtiments de la gare de Chartres, tels que salle d'attente, salle des bagages, appartements des employés à l'entresol et au premier étage, ainsi que les dépendances du buffet, ont été convertis en ambulance par l'autorité allemande.

» Un certain nombre de petites couchettes en bois ont été fournies par la ville, ainsi que des matelas, paillasses, lits en fer provenant du magasin des lits militaires; de plus, au moyen des wagons dont l'armée allemande s'était emparée, et qui circulaient entre Versailles et Chartres, il a été amené d'autres objets de literie provenant de réquisitions faites d'office dans plusieurs communes rapprochées du chemin de fer.

» Il a été installé dans cette ambulance des soldats allemands atteints de fièvres typhoïdes, de typhus et de blessures plus ou moins graves.

» A une époque que je ne pourrais préciser, l'effectif des hommes contenus dans cette ambulance a été de 350, réduit ensuite à 300 et à 250.

» Cette diminution s'opéra successivement, selon que les blessures ou les maladies devaient empêcher pour longtemps ou pour toujours de pouvoir reprendre les armes. On les dirigeait par petits convois dans les ambulances de Versailles, en leur donnant l'espoir de les faire rentrer dans leur pays.

» Le nombre approximatif des décès peut être d'environ 60 hommes dont la majeure partie sont morts de maladies.

» Les mutations peuvent s'évaluer de 1,000 à 1,200 soldats soignés par les infirmiers allemands.

» Au début de l'organisation de cette ambulance, une pièce renfermait une certaine quantité d'objets de pharmacie et de chirurgie provenant de leurs approvisionnements.

» C'est d'après une demande de M. le Maire faite au commandant de place, que j'ai reçu l'autorisation écrite de circuler dans la gare, afin de donner suite aux réquisitions que l'autorité allemande adressait à M. le Maire pour les besoins de l'ambulance, ma mission était de diminuer autant que possible les demandes exagérées et les dépenses de différente nature, et en outre de veiller à ce qu'il fût fait le moins de dégâts possible dans cet établissement.

» Les Sœurs de Saint-Vincent-de-Paul ont pris le service de l'ambulance prussienne établie à la gare, du 26 novembre jusqu'au 2 janvier. Parmi ces hommes, il y a eu beaucoup de typhus, plusieurs cas de variole et de fièvres typhoïdes, mais presque tous étaient malades de fatigues et venaient passer quelques jours afin de se reposer. » (Rapport particulier.)

AMBULANCE DU COLLÉGE DE CHARTRES.

Rapport de M. Sarrut, principal du Collége.

« Le 22 octobre 1870, 95 soldats de l'armée allemande ont été logés au collége, ils appartenaient au corps des ambulances, mais ils n'avaient avec eux que de 5 à 8 hommes légèrement malades. Deux des dortoirs leur avaient été abandonnés. Ils se servaient en outre d'une des salles d'études, au rez-de-chaussée, et avaient la libre disposition des cuisines. Ces hommes, par suite des arrangements pris d'un commun accord avec M. le Maire et le commandant de place, furent retirés le 1er novembre, et le collége resta inoccupé jusqu'au 2 décembre. Ce jour-là, après avoir été prévenu la veille seulement, le Principal dut abandonner à l'armée d'occupation tous les dortoirs, les vestiaires, deux salles d'études et l'usage des cuisines. Les 3, 4 et 5 décembre, les blessés arrivent en grand nombre, il faut céder encore trois autres salles. Près de 200 malades se sont trouvés bientôt installés dans cette ambulance desservie par les Dames religieuses de Saint-Paul, aidées de quelques hommes de peine. Quinze à vingt français avaient été amenés le 21, dans un convoi d'environ 40 blessés allemands; dès le lendemain soir, ils furent transportés dans les ambulances françaises par les soins de M. Isambert (Michel).

» C'est vers cette époque que la petite vérole se déclare, les malades qui en sont atteints sont d'abord placés dans une des salles d'études, mais le 26 décembre un officier allemand vient faire la visite des appartements, et dès le 29, toutes les salles du rez-de-chassée et du premier étage du bâtiment des classes isolé entre deux cours, sont occupés et reçoivent les varioleux dont le nombre s'est élevé à plus de 60. A partir du milieu de janvier 1871, le nombre des malades a été en diminuant chaque jour jusqu'au 13 février, jour de l'évacuation complète du collége. Au moment du départ, les officiers prussiens ont fait prendre eux-mêmes les premiers soins de désinfection.

» Mgr l'évêque de Chartres était venu le 27 décembre visiter les malades; M. Barrier, vicaire-général, les visitait fréquemment, M. l'abbé Duteyeul, aumônier du collége, et M. l'abbé Robinet, vicaire de Saint-Aignan, parcouraient souvent les salles et se tenaient à la disposition des malades. »

AMBULANCES DES ÉCOLES DES FRÈRES A SAINT-FERDINAND, SAINT-PIERRE ET SAINT-ANDRÉ.

Rapport du Frère Acheul, directeur de l'Ecole Saint-Ferdinand

« M. le Président, vous m'avez fait l'honneur de me demander un Rapport sur les ambulances allemandes établies dans nos trois écoles; je m'empresse de vous adresser les notes que j'ai recueillies à ce sujet. Le 2 décembre 1870, le canon grondait à Loigny; le lendemain soir, plusieurs médecins allemands arrivaient à l'Ecole Saint-Ferdinand et donnaient l'ordre de sortir au plus tôt tout le matériel de l'Ecole, nous dûmes nous exécuter et faire la besogne nous-mêmes pour ne pás voir mettre tout en pièces.

» Le soir et pendant la nuit, en effet, des blessés allemands arrivèrent; le lendemain cinq de nos classes, le vaste préau couvert et la chapelle de l'établissement étaient remplis; une sixième classe fut transformée en cuisine et une autre en pharmacie, 170 blessés environ occupèrent ces diverses salles. Le service fut fait par des ouvriers de la ville, par trois ambulanciers prussiens et plusieurs sœurs de Saint-Paul de Chartres qui, aidées par trois de nos Frères, se chargèrent particulièrement de la cuisine et de la distribution des aliments dans les salles.

» Vers le 20 décembre des diaconesses allemandes nous furent envoyées pour l'édification et la sanctification de beaucoup; en effet, elles nous ont bien édifiés!

» Notre chapelle était encombrée par des malades atteints du typhus et de la petite-vérole; cette salle était pour les personnes employées un séjour peu agréable et dangereux; ces diaconesses avaient une peur effroyable de gagner la petite-vérole; du jour où parut le fléau, elles ne mirent plus le pied dans la chapelle; le service se faisait par les sœurs de Saint-Paul et les ambulanciers; un jour ces bonnes sœurs présentèrent des potions aux diaconesses en les priant de les porter aux varioleux; elles s'attirèrent cette réponse : « La salle des varioleux, c'est bon pour vous, nous sommes, nous, de trop jolies femmes pour nous exposer à attraper la petite-vérole; pour vous, votre beauté n'a rien à y perdre, allez-y. »

(Pareille réponse et pareil refus ont été subis par les sœurs françaises à l'ambulance de la Gare.)

« L'arrogance de ces diaconesses finit par rendre impossible aux sœurs de Saint-Paul tout séjour à notre ambulance, elles se retirèrent; leur dévouement avait été, comme partout, admirable et exemplaire.

» L'ambulance française du Théâtre s'établissant sur ces entrefaites, nous nous empressâmes d'accepter l'offre que nous fit

M. Lefebvre, son délégué, pour nous consacrer entièrement au soulagement de nos compatriotes.

» Le sergent allemand chargé de la surveillance, ainsi que les médecins et ambulanciers, ont toujours été très-convenables. Le second commandant de place s'est montré d'une bienveillance d'autant plus remarquable qu'elle était rare parmi les officiers allemands. Nos prêtres catholiques et les ministres protestants avaient tout accès dans les salles et pouvaient conférer librement avec leurs coreligionnaires; nous avons pu avec bonheur faire recevoir les derniers sacrements à plusieurs moribonds catholiques; la tenue et le respect des autres malades pendant ces actes suprêmes ont toujours été édifiants. Un ministre protestant allemand passait souvent dans les salles et faisait à haute voix une lecture dans la Bible. M. Bost, ministre protestant de Chartres, a également, avec beaucoup de zèle, prodigué à ses coreligionnaires les secours de son ministère.

20 allemands environ sont morts à l'ambulance de Saint-Ferdinand. Les blessés ne manquaient de rien; ils avaient à profusion sucre, café, œufs, etc.

» J'évalue à 250 au moins le nombre des blessés allemands qui ont reçu des secours à Saint-Ferdinand; car dès qu'ils étaient transportables, on les évacuait sur l'Allemagne et ils étaient immédiatement remplacés par d'autres malades.

» Cette ambulance a fonctionné pendant soixante-trois jours, du 4 décembre au 6 février.

» Les médecins allemands s'emparèrent de notre Ecole Saint-André, le 6 décembre, et de notre Ecole de Saint-Pierre, le 12 décembre; le service fut fait uniquement par leurs ambulanciers.

» Pendant deux jours seulement il y eut quelques soldats français à Saint-André, ils furent aussitôt placés dans des maisons particulières.

» L'ambulance Saint-Pierre a eu, comme à Saint-Ferdinand, un grand nombre de malades atteints de la petite-vérole.

» L'ambulance de Saint-André a fonctionné jusqu'au 6 février et celle de Saint-Pierre jusqu'au 28 février. »

AMBULANCE DE LA SALLE SAINTE-FOI.

Pas de Rapport.

AMBULANCES DE LA SALLE DE LA COUR D'ASSISES.

Rapport de M. Huet, concierge du Tribunal.

« L'ambulance du Tribunal n'a été qu'une annexe de celle de la Prison; les vivres, les médicaments, les tisanes, tout se préparait à la Prison.

» Elle a eu en moyenne 100 blessés ou malades allemands soignés par les médecins prussiens ou bavarois chargés de l'ambulance de la Prison.

» De novembre 1870 jusqu'à février 1871, deux sœurs de Saint-Paul y étaient attachées; mais en février elles furent remplacées par des diaconesses allemandes.

» Les médecins avaient un très-grand soin de leurs malades et se sont montrés convenables dans leurs relations envers les Français. Cependant je dois attester qu'un médecin allemand m'a empêché de donner du tabac à priser, ni quelque douceur que ce soit, à un pauvre soldat français qui était gravement blessé. »

AMBULANCE DE LA PRISON.

Rapport de M. Mercier, directeur, délégué du Comité.

« Monsieur le Président, vous m'avez fait l'honneur de me demander un Rapport sur l'ambulance de la prison de Chartres; la prison de Chartres a été tour à tour et souvent simultanément, caserne de passage pour l'armée allemande, ambulance prussienne, caserne pour les prisonniers français, ambulance française, ambulance bavaroise, enfin ambulance-prison pour des blessés français en convalescence, auxquels on voulait éviter le transport en Allemagne, ou qui se conduisaient mal dans nos ambulances françaises, ou qui avaient été enlevés par les Prussiens dans d'autres ambulances, ou enfin pour des prisonniers français que les Allemands gardaient pour échange de prisonniers en prévision de traités prochains.

» En conséquence je ne vois, pour satisfaire à votre attente, d'autre moyen que de vous retracer rapidement l'historique de la prison de Chartres pendant l'invasion allemande.

» Dès le début de l'occupation de Chartres, les Allemands reculaient devant les mots : Maison d'arrêt, gravés sur le frontispice; mais après que la municipalité, désireuse de soulager les habitants, eut montré aux chefs nos vastes salles et notre grande cuisine, ils s'y entassèrent au nombre de 7 à 800 à la fois.

» Dans le mois de novembre, les logements cessèrent pour faire place à une ambulance allemande, on ne tarda pas à y compter plus de 100 malades et blessés, non compris ceux que l'on soignait dans les bâtiments du Palais-de-Justice, contigus, et qui formaient une ambulance à part; les aliments et les remèdes y étaient portés de la prison où ils étaient préparés; deux sœurs de Saint-Paul soignaient les malades, inutile de dire avec quel dévouement. Les malades restant en moyenne de quinze à trente jours dans l'ambulance, le nombre peut s'en élever à environ 1,000 : les décès ont été de 90 à 100; il ne faudrait pas conclure de ce chiffre que les décès ont été de dix pour cent, mais c'est que beaucoup de blessés sont morts presque aussitôt après leur arrivée et qu'on peut les considérer plutôt comme morts sur le champ de bataille qu'à l'ambulance. L'ambulance prussienne fut remplacée en février par une ambulance bavaroise. Les médecins de ces deux ambulances soignaient avec zèle leurs malades; je dois leur rendre cette justice que les quelques blessés français qui se trouvaient parmi eux recevaient la même nourriture et les mêmes soins que les leurs : et même reconnaissant combien était pénible la situation de nos blessés au milieu d'eux, ils consentirent à me les remettre pour les faire soigner en ville. C'est ainsi que, grâce au concours zélé de

M. Isambert (Michel), délégué à cet effet par le Comité, 39 français furent placés dans les maisons particulières. Du 15 décembre au 15 janvier, on amena à la prison des groupes de prisonniers français, variant de 50 à 100, ils y restaient trois, quatre et cinq jours, selon les circonstances, mais quelquefois ils partaient dès le lendemain de leur arrivée sans qu'on en fût prévenu, il fallait alors aller chercher les effets donnés à blanchir et les leur porter tout mouillés au moment où ils étaient déjà en marche; je n'oublierai jamais la charité des Petites-Sœurs-des-Pauvres qui souvent ont passé les nuits entières à laver ces effets.

» Le 24 janvier, les Prussiens amenèrent 34 prisonniers, la plupart mobiles de la Mayenne, ce fut le commencement de l'ambulance française; les Sœurs de Saint-Michel vinrent les soigner aux frais de la ville et remplacèrent dans la prison les Sœurs de Saint-Paul. Puis furent successivement amenés par les Prussiens, des blessés pris dans les diverses ambulances du département. Ce n'est que le 9 février que l'ambulance française fut définitivement constituée et que les médecins allemands remirent les malades à des médecins français : à ces hommes on ajouta les blessés qui se conduisaient mal dans les ambulances de Chartres et ceux qui, en raison de leur convalescence assez avancée, auraient pu être conduits en Allemagne; l'autorité allemande consentit à leur internement dans cette ambulance, par les motifs précédemment énoncés. La prison réunit ainsi 93 prisonniers et blessés déposés par les Prussiens, et 56 malades et blessés placés par les soins du Comité d'ambulance internationale, en tout 149.

» Il n'est décédé personne à cette ambulance française, parce que les hommes dangereusement malades étaient transportés à l'Hôtel-Dieu, et que cette ambulance établie tardivement et dans les conditions exposées plus haut, n'a reçu que des convalescents.

» Il m'est pénible, en terminant ce Rapport, d'avoir à avouer que j'ai dû oublier quelquefois mon titre de Délégué du Comité, pour me souvenir que j'étais aussi directeur des Prisons, c'est vous dire, Monsieur le Président, que je me suis vu forcé de punir des hommes envers lesquels je n'aurais dû exercer que les devoirs de la charité; mais si vous voulez bien considérer que les ambulances de Chartres m'avaient envoyé les hommes dont elles avaient à se plaindre, le fait vous paraîtra moins surprenant. Je me hâte d'ajouter, qu'à part ces rares exceptions d'inconduite, nos soldats et surtout nos mobiles de la Mayenne se sont toujours montrés très-reconnaissants des soins que leur prodiguaient la sœur Rose et la sœur Clotilde, dont je n'entreprendrai pas de faire l'éloge, et que dirais-je d'ailleurs qui ne soit connu de tous? »

Rapport d'ensemble émané de la Communauté de Saint-Paul de Chartres.

« Chargée par la Providence de venir en aide à ce que d'autres communautés ne pouvaient combler, celle de Saint-Paul fut donc appelée dans un certain nombre d'ambulances, prussiennes d'abord, l'ennemi occupait seul la ville de Chartres, françaises ensuite. Après les tristes journées de Loigny, de la Fourche, etc., onze ambulances des deux nations nous furent confiées : Saint-Brice, le Théâtre, l'Ecole normale, Josaphat, maison Joliet, la Communauté mère elle-même, eurent un contingent assez fort de blessés français, qui tous, on peut le dire, ont laissé dans nos âmes le souvenir de leur docilité, de leur reconnaissance et de leur confiance vraiment filiale. S'il y a eu des moments pénibles, la religion les a bien adoucis, en procurant l'insigne bonheur d'apporter à ces pauvres victimes de l'amour patriotique quelques-uns de ces soins maternels rendus aussi multipliés qu'ils étaient nécessaires.

» Les ambulances prussiennes nous occupèrent aussi pendant deux grands mois, au Collége, à Saint-Ferdinand, à Saint-André, à Sainte-Foi, à la Maison d'arrêt et au Tribunal, les blessés et les malades y furent en grand nombre, en grand nombre aussi ils succombèrent; c'est une justice à rendre, l'ennemi reçut les soins possibles, quoique restreints, avec la bienséance la plus respectueuse, et chaque sœur de Saint-Paul n'eut qu'à se louer des malades dont la conduite fut aussi disciplinée dans l'ambulance, que le soldat prussien la montra brutale dans la maison particulière. »

EXÉCUTION DE LA CONVENTION DE GENÈVE.

OBSERVATIONS.

De la part des Ambulances d'Eure-et-Loir.

Jusqu'en novembre, époque de la séparation de l'Hôtel-Dieu, visites par le Président et égale distribution entre les blessés des deux nations, de tabac et autres douceurs.

En décembre, à Voves, au passage des blessés de Loigny pour Chartres, bouillons et fortifiants aux convois de l'une et l'autre armée.

En décembre, sur la demande du comte de Kleist, président des ambulances prussiennes, en résidence à Chartres, envoi à Mondoubleau, d'une voiture d'ambulance pour demander un jeune lieutenant prussien blessé, cédé et remis au comte de Kleist, par l'entremise de notre commis principal, M. Milan.

De la part de l'Autorité prussienne.

Laisser-passer accordés en décembre à MM. de Kersabiec, de Quatrebarbes et autres, sur la demande du président du Comité.

Laisser-passer pour entrées libres dans les locaux où étaient déposés les prisonniers et remise entre nos mains de plus de 400 blessés, amenés à Chartres comme prisonniers.

Promesse de fermer les yeux sur les blessés rétablis et de les conserver dans nos ambulances.

Laisser-passer pour achats de vin pour le service de nos ambulances.

Remise en nos mains de M. Bigot, maire de Voves, emmené prisonnier, sur la demande adressée par le Président du Comité.

VIOLATIONS.

Nulle en ce qui nous concerne, à notre connaissance.

Sur les champs de bataille : A Loigny, il a été constaté que le lieutenant-colonel de zouaves pontificaux, M. de Troussure, blessé et tombé, avait été frappé à terre de coups de crosse; il succombait le lendemain 3 décembre.

Enlèvements fréquents comme prisonniers de soldats blessés.

Défense formelle de se rendre sur le lieu du combat pour assister les blessés.

Sur les personnes : M. le docteur Vassor de Bonneval, allant, malgré parents et amis, pour donner les soins de sa profession aux blessés de Châteaudun, est enlevé sur la route et nonobstant l'exhibition de brassard et de titres, emmené prisonnier à Kolberg où il reste sept semaines, d'octobre à décembre, utilisant sa captivité à prodiguer ses soins médicaux à ses compatriotes prisonniers et blessés.

M. Bigot, maire de Voves, s'étant refusé à renvoyer des blessés des chambres qu'ils occupaient, est arrêté et conduit au pas de course, comme prisonnier, à Francourville, Chartres, Maintenon.

Plusieurs médecins ont subi, sinon les mêmes violences, du moins les plus grandes entraves; il en a été de même et en beaucoup de circonstances des personnes attachées aux ambulances, notamment à celle de Cloyes, à l'égard de l'un des docteurs.

Dans les ambulances : Enlèvement comme prisonniers, de blessés encore invalides, dans les ambulances de Cloyes, Bonneval, Illiers, Béville-le-Comte, Janville et beaucoup d'autres et dans celles de Chartres, malgré leur promesse, à Josaphat, aux Dames-Blanches et aux Dames de l'institution Notre-Dame. A celle du théâtre, poursuite d'un infirmier à coups de feu.

Parmi les prisonniers : Si la commandature de Chartres nous a permis de rétablir dans nos ambulances plus de 400 blessés et malades, et, combien de ces pauvres infortunés, accablés de blessures, de maladies et de fatigues ont dû, malgré nos instances, reprendre à pied la file des convois pour périr, soit en chemin, soit dans leurs dépôts de passage et qui, sans notre assistance, seraient morts de faim, aucune espèce de nourriture ne leur étant accordée par l'impitoyable ennemi ; nous ne parlerons pas des mauvais traitements exercés sur ceux qui voulaient compatir à tant de misères en venant apporter des vivres qui étaient refusés avec une extrême violence. Il faut remonter aux plus mauvais temps de la barbarie pour avoir idée et exemple des misères et des douleurs qu'ont subies les prisonniers !

Sur les insignes : A Voves, les drapeaux d'ambulances sont arrachés, en décembre, sur les maisons qui contenaient un très-grand nombre de blessés.

Sur les ambulances volantes : Impossibilité de passer au-delà de leurs lignes, à Courville, Pont-Tranchefêtu et même à Orgères, retenue de nos voitures et conducteurs ; à la Maladrerie près Loigny, quatre jours après la bataille, même impossibilité de passage, sans l'intervention du comte de Kleist qui nous accompagnait, retenue de plusieurs voitures.

Sur les Présidents et membres des Comités : Généralement inaccessible à toute observation, n'admettant aucune objection, imposant silence à toute justification, l'autorité prussienne ne devait pas être bienveillante à l'égard des personnes chargées de faire exécuter des conventions qu'elle se réservait d'interpréter et de contourner à son profit exclusif, néanmoins et malgré de grands obstacles le devoir a été accompli ; le Président du Comité de Chartres a été en particulier l'objet d'une singulière violation et quoique le fait lui soit personnel, il ne saurait le laisser passer sous le silence, car il caractérise les moyens d'ironie si fréquemment employés en toute circonstance. Le 25 décembre, deux capitaines prussiens se rendent chez lui pour visiter ses appartements et lui signifier l'envoi de 3 blessés ; réponse : qu'il y avait déjà 6 soldats, que cette maison n'était pas une ambulance et qu'elle ne recevrait aucun blessé ennemi. Inutile de reproduire une altercation où l'impertinence des éclats de rire fut accueillie par une attitude telle que ces officiers durent se retirer, envoyer chez le Président une consigne armée et porter plainte à la commandature ; sur l'intervention officieuse et amicale du Maire, il fallut se résoudre à recevoir non pas 3, mais 6 blessés ; mais, le surlendemain, en raison de l'intensité des feux, un incendie se déclara dans le plancher qui faillit s'effondrer et causer les plus grands malheurs ; force fut d'étayer les étages et de retirer ces hommes ; à quoi attribuer cette interprétation à l'égard d'un Président dont le titre prétextait l'obligation de soigner les soldats prussiens, si ce n'est à cette malveillance instinctive ou affectée qui a particulièrement caractérisé l'esprit prussien ?

ÉVACUATIONS.

Si la sollicitude pour nos blessés et malades trouvait un nouvel aliment dans les soins qu'exigeait leur état de souffrance et surexcitait notre zèle qui s'ingéniait à soulager tant de misères, à guérir tant de plaies, le rétablissement de la santé et des forces nous suscita de grandes appréhensions et de graves difficultés ; chacun était tout naturellement désireux de jouir de sa nouvelle liberté, de respirer un air plus pur ; mais aussi, ce fut l'occasion pour quelques-uns de satisfaire leur penchant à l'ivrognerie en compromettant, par le désordre et la circulation dans les rues, leurs propres camarades, en les exposant, ainsi qu'eux-mêmes, aux sévices de l'autorité allemande.

D'un autre côté, plusieurs cherchaient tous les moyens possibles, soit de rejoindre leurs régiments, soit de se rendre dans leurs familles; ces évacuations bien fréquentes et souvent facilitées, pouvaient encore nous attirer une nouvelle sévérité de mesures violentes, il s'agissait donc pour nous de concilier tout à la fois la bienveillance avec la prudence.

A ces égards nos préoccupations se sont manifestées dans plusieurs délibérations que nous allons reproduire en abrégé.

Séance du 28 janvier. Faciliter les départs des soldats devenus impropres au service, d'après la Convention de Genève, et après constatation contradictoire par les médecins français et prussiens ; quant aux autres, n'exercer sur eux qu'une action morale en les éclairant sur les conséquences de leur position particulière.

Séance du 2 février. Citation de faits d'indiscipline à la suite de laquelle le Comité décide qu'il se rendra dans les ambulances pour appuyer les recommandations paternelles des délégués.

Séance du 3 février. Adoption d'une ambulance spéciale de la prison pour y déposer les convalescents qui, sans avoir besoin de sortir au dehors, y trouveraient l'avantage de cours spacieuses et de vastes préaux couverts.

Séance du 24 février. Décision que jusqu'à la réception des résolutions prises par le gouvernement français, les soldats resteront dans nos ambulances. M. le Président présente un modèle de certificat à remettre aux soldats guéris dans nos ambulances ; l'impression de ce certificat est ordonnée.

Enfin le 2 mars. M. le major Beaumetz se rend chez le Président pour aviser aux moyens d'évacuer toutes nos ambulances et dès le lendemain, 3, M. Beaumetz est admis au Comité et il propose : qu'il soit dressé des listes d'évacuation, afin que l'opération s'exécute avec le plus grand ordre... Il faudra diriger nos blessés sur Laval où se trouvent les corps d'armée des soldats de nos ambulances.

M. Isambert (Michel) est chargé par le Comité de tous les détails de cette évacuation et il annonce que le chef de gare, qu'il a vu, lui a déclaré être en mesure de mettre des wagons à la disposition des blessés. Il est décidé qu'on commencera d'abord par les blessés des établissements consacrés à l'enseignement et ceux des ambulances privées, puis par ceux des grandes administrations telles que Saint-Brice et Josaphat, et qu'on finira par l'Hôtel-Dieu.

Séance du 6 mars. M. le Président annonce le départ d'un premier convoi de 60 blessés pour Laval, le docteur Beaumetz qui en a pris la direction s'empressera de faire connaître à M. le Président le résultat de ce premier voyage.

Séance du 7 mars. Continuation des transports des soldats sur Laval, munis de leurs certificats.

Ces évacuations ont ainsi continué, sans désemparer, et en moins de dix jours, à l'exception des blessés non encore transportables, toutes nos ambulances ont été libres.

Cette opération s'est exécutée avec ordre et intelligence ; les certificats signés par le président du Comité et le docteur de chaque ambulance ont été remis par les soins de MM. les Délégués, ils ont été livrés au nombre d'environ 1,200.

Ces départs ont eu lieu sans encombre, sans fatigues et sans frais, grâce à l'intervention et aux démarches de M. le chirurgien-major Beaumetz et aussi à la bonne impulsion et à la régularité imprimées par M. Michel Isambert qui s'est acquitté de cette mission, comme antérieurement de celle des placements, avec un véritable talent d'administrateur et le zèle d'un digne membre de notre Comité de secours, c'est un hommage qui doit lui être rendu. M. Beaumetz a recueilli les félicitations et les remerciements du Comité votés dans la séance du 9 mars. M. Martin, comptable à l'Hôtel-Dieu, a parfaitement secondé M. Isambert ; tous les docteurs se sont prêtés, non moins que MM. les délégués, à tous les préparatifs des départs avec une bienveillance et des attentions de prévenances et de prévisions qui ont dû alléger les fatigues du transport, notamment pour les soldats encore souffrants ou sujets à pansements. N'oublions pas de dire que les blessés confiés à la sollicitude des ambulances particulières n'ont pas été moins bien partagés.

RAPPORTS AVEC LES AUTORITÉS FRANÇAISES.

1° AUTORITÉ PRÉFECTORALE.

Notre Comité s'est constitué ainsi qu'il a été dit précédemment les 3 et 5 août, avec tout le caractère de légalité, d'authenticité et d'hiérarchie désirables, conformément à l'instruction ministérielle du 5 août 1870.

Ultérieurement, le 10 septembre, le Préfet d'Eure-et-Loir, alors en exercice, convoque les membres des conseils de département et d'arrondissement qui forment une commission dite de répartition, qui n'a nullement fonctionné. Plus tard, c'est-à-dire après les circonstances qui ont motivé la création des sociétés de secours aux blessés, au mois d'avril 1871, cette commission s'intitule : Comité central et départemental; venant après l'accomplissement de toutes les opérations, elle eut pour effet de nous enlever le bienfait de la centralisation des ressources financières et d'entraver les moyens de liquidation générale. Détentrice des fonds provenant des subventions de l'Etat et même de ceux des souscriptions, au lieu de les répartir intégralement entre les divers Comités, cette commission s'en réserva l'encaisse, sauf à donner au fur et à mesure des besoins, établissant ainsi une comptabilité séparée, hétérogène, et jetant dans notre propre comptabilité une lacune d'autant plus regrettable, que ces sortes de subventions ne peuvent et ne doivent figurer que dans notre budget tout spécial, et où, du reste, ce sera notre devoir de les mentionner pour ordre, au compte supplémentaire.

2° AUTORITÉ MILITAIRE.

Les évacuations opérées, il restait à chaque ambulance à s'occuper activement du remboursement des frais énormes nécessités pour son entretien et son installation; le département d'Eure-et-Loir, l'un des plus surchargés de blessés et malades par suite des marches et combats qui y avaient eu lieu, n'avait pas et n'a pas encore spécialement reçu de subventions sur les 50 millions votés par le Corps législatif pour secours aux blessés. Chacune a pourvu aux premières dépenses au moyen des fonds de souscription ou des ressources locales, mais elle a à solder tous les fournisseurs et elle compte sur la plus prompte rentrée possible de l'indemnité de 1 franc allouée par journée de traitement.

Comment s'opérera cette rentrée, est-ce séparément, est-ce en centralisant? La plupart des blessés ou malades ayant été transportés fréquemment d'ambulance en ambulance, n'en surgirait-il pas une confusion inextricable et des duplicata contestables?

C'est alors qu'il s'engagea entre votre Président et le Sous-Intendant une correspondance qu'il vous importe de connaître. A la date du 8 juin 1871, j'écrivais une lettre détaillée qui se terminait ainsi : « ..... Vous comprendrez, Monsieur le Sous-Intendant, avec quelle satisfaction notre Comité a pris connaissance du document confirmant l'allocation de 1 fr. par journée de malade, au milieu des dépenses considérables qui lui incombaient et de la responsabilité qu'il contractait à l'égard de tant d'ambulances éparpillées et n'agissant que sous notre patronage, sans ressources elles-mêmes, alors que les nôtres étaient si bornées. Il est urgent d'apurer tous ces comptes et de donner satisfaction à chacun : ici se présente une question de forme : Acceptez-vous, pour la comptabilité et l'ordonnancement des feuilles nominales, l'intervention du délégué Président du Comité central seul? Désirez-vous que ce délégué soit muni d'une autorisation spéciale du Président de la Commission supérieure siégeant à Paris? Alors je me mettrais en mesure d'obtenir cette autorisation. En un mot, le but de cette lettre est de connaître les formalités réclamées par votre administration pour arriver promptement et certainement au règlement définitif de toutes les journées constatées, au prix convenu, bien inférieur à nos dépenses réelles, de moitié en moyenne. »

Le 9 juin, M. le Sous-Intendant répondait ainsi : « ..... Monsieur le Président, j'estime que l'intervention du délégué Président du Comité central qui apposerait son visa d'examen sur les comptabilités produites par chacune de ces ambulances serait un élément de contrôle très-utile à l'administration de la guerre, particulièrement lorsque ces ambulances ne pourront pas produire les pièces justificatives des entrées et des sorties. En ce qui concerne l'ordonnancement de ces dépenses qui, conformément aux prescriptions réglementaires, doit être fait au profit des communes du département où chaque ambulance a été établie, il serait indispensable que le Délégué fût muni d'une décision spéciale du Ministre de la Guerre, qu'il fût autorisé à acquitter les mandats d'ordonnancements et à effectuer, sous sa responsabilité, la répartition des décomptes entre les communes intéressées. »

26 juin, Lettre de votre Président à M. le Ministre de la Guerre. « ..... Aujourd'hui que notre œuvre est accomplie, M. le Ministre, que nos feuilles nominales se complètent et se mettent en règle, il s'agit de leur ordonnancement pour le remboursement de 1 fr. par journée de traitement, une grave question se présente : Qui aura qualité pour acquitter ces mandats?... Le Comité central d'Eure-et-Loir estime que le droit de visa et d'acquit doit appartenir à son Président, soit au point de vue des meilleures conditions de centralisation et de comptabilité, soit eu égard aux intérêts immédiats et pressants de la Société qui a la délicate mission de reconstituer le plus tôt possible le fonds de souscription en faveur des familles malheureuses des soldats ou des blessés, qui attendent ce secours avec une légitime impatience. M. le Sous-Intendant, consulté par nous, nous a adressé une réponse favorable. J'ai l'honneur de solliciter de votre haute justice une décision spéciale qui m'autorise à acquitter les mandats d'ordonnancement des feuilles nominales produites par les diverses ambulances d'Eure-et-Loir. »

10 juillet, Réponse de M. le Ministre de la Guerre : « ..... Monsieur l'Intendant, En me rendant compte de la mission du Comité central de secours aux blessés pour le département d'Eure-et-Loir, M. le Président de ce Comité m'a consulté, par lettre du 26 juin dernier, sur la mesure qu'il conviendrait de prendre pour la formalité d'acquittement des mandats qui seront délivrés en remboursement des frais de traitement des malades admis dans les diverses ambulances ressortissant dudit Comité. Je vous renvoie cette lettre en vous priant d'informer M. le Président du Comité que je donne l'autorisation qu'il sollicite pour l'acquittement des mandats.

» Copie conforme et notification à M. Rodet, sous-intendant militaire, qui donnera avis de la décision ci-dessus à M. le Président du Comité central d'Eure-et-Loir, et en assurera l'exécution. Paris, 12 juillet, l'Intendant militaire..... »

13 juillet, Envoi de la copie conforme ci-dessus par M. le Sous-Intendant et avis que le prix de la journée de traitement

sera remboursé à 1 fr. 75 pour les officiers et à 1 fr. pour les sous-officiers et soldats.

16 août, Nouvelle lettre de votre Président au Ministre de la Guerre relativement à des difficultés réglementaires de détail. « ..... M. le Sous-Intendant aura-t-il à se livrer à l'examen et à l'approbation des feuilles nominales et relevés numériques d'après les règles strictes et invariables de ses instructions, ou doit-il, en raison de circonstances exceptionnelles et de la multiplicité des éléments, admettre des exceptions résultant de ces circonstances? (Ici indication de la nature des irrégularités à tolérer, pour cercueils, pour feuilles non en règles quant à la précision des indications, pour erreurs insignifiantes, etc.) »

22 août 1871, Avis de M. le Sous-Intendant : « J'ai l'honneur de faire connaître à M. le Président du Comité central de secours aux blessés, pour le département d'Eure-et-Loir, que les propositions qu'il a adressées au Ministre sont accueillies suivant une dépêche du 25 de ce mois qui vient de m'être notifiée par M. l'Intendant. »

3° AUTORITÉ FINANCIÈRE.

Si vous avez obtenu, Messieurs, plein succès auprès de M. le Ministre de la Guerre, soit pour la reconnaissance de vos droits acquis, soit pour la centralisation de toutes les feuilles à produire pour les journées de traitement dans les ambulances d'Eure-et-Loir, vous n'avez pas recueilli, dans vos rapports avec M. le Ministre des finances, la même satisfaction et le même privilége de centralisation. Du reste, voici quelle a été la nature de cette négociation.

Lettre du Président du Comité à M. le Trésorier-général, le 26 juillet 1871. « J'ai l'honneur de solliciter de votre bienveillance des renseignements qu'il importe au Comité central de Chartres d'obtenir. Après la déclaration de guerre, des souscriptions ont été ouvertes dans toutes les parties du département. Qui doit les recueillir? Qui doit les distribuer? Y a-t-il à cet égard autorité compétente et légalement constituée? C'est le point que je désire soumettre à votre appréciation (citation du décret du 25 juillet 1870 et de la circulaire ministérielle du 5 août). » En conséquence de ces dispositions, un Comité central s'est constitué à Chartres, il fonctionne régulièrement depuis le mois d'août. Il a accompli la double mission qui lui était confiée de secours aux familles, ce qui est à votre parfaite connaissance, et de plus il est venu en aide à bien des blessés et malades en organisant des ambulances.

» Mais cette dernière tâche a absorbé la totalité des souscriptions mises à sa disposition et tari la ressource des secours aux familles, dont les réclamations incessantes et journalières exigent la rentrée des souscriptions départementales versées en votre caisse et ne devant profiter qu'au Comité départemental d'après le texte formel de l'instruction ministérielle précitée, qui lui attribue le droit de les recueillir et distribuer. C'est du reste le privilége que vient de lui reconnaître M. le Ministre de la Guerre par dépêche du 10 juillet, en me conférant, en qualité de Président de ce Comité, le droit d'acquit sur les mandats ordonnancés en mon nom par M. le Sous-Intendant : ce droit exclusif vous paraîtra aussi irrécusable, et vous voudrez bien me faire connaître officiellement le montant des souscriptions départementales versées en votre caisse pour secours aux familles et aux blessés, pour provoquer auprès de M. le Ministre des Finances ou de qui de droit, les autorisations nécessaires pour rentrer en possession de ces valeurs et en faire le rapport au Comité dans sa prochaine réunion. Il semblerait étrange que dans cet état de pénurie résultant de grands sacrifices indispensables, les souscriptions du département lui soient enlevées pour profiter à d'autres, alors que le texte de la circulaire ministérielle est si explicite à cet égard. »

31 juillet, Réponse de M. le Trésorier-général :

« Les souscriptions versées à la date de ce jour se composent, savoir : 1° de dons patriotiques, revenant exclusivement à l'Etat et s'élevant à la somme de. . . . . 1,678 fr. 30 c.

2° De sommes versées à l'effet de constituer

A reporter. . . . 1,678 30

	Report. . . .	1,678 fr. 30 c.
des rentes viagères au profit des blessés et des familles de militaires décédés ; le service de ces rentes est confié à la caisse des consignations, s'élevant à	6,114	67
3° De dons faits en vue de secourir les blessés pour une somme de.	41,148	60
4° Et enfin de souscriptions versées en faveur de la Société internationale de secours aux blessés s'élevant à	8,940	56
Total.	57,882	13

» En considérant ces souscriptions au point de vue de la réclamation que vous avez l'intention d'adresser à l'administration supérieure, pour les faire attribuer au Comité départemental que vous présidez, je vous soumettrai les observations suivantes : Les deux premières catégories de dons ne nous paraissent pas pouvoir être de votre part l'objet d'aucune revendication, puisque leur destinataire est l'Etat lui-même. En ce qui touche les deux dernières souscriptions s'élevant, savoir : pour les secours aux blessés à 41,148 fr. 60, j'ai déjà payé à M. le Préfet d'Eure-et-Loir, le 12 août 1870 et 25 avril 1871, une somme de 23,000 fr. mise à sa disposition, imputable il est vrai, non sur le produit des souscriptions, mais sur le fonds de secours des 25 millions. Enfin en ce qui concerne les dons faits à la Société internationale, ces dons ont été de ma part l'objet d'un paiement de 7,164 fr. 50 effectué par l'autorisation de M. le directeur général de la comptabilité, à M. de Flavigny, président de la Société, le 10 novembre 1870.

» Dans cette situation et pour répondre au désir que vous m'exprimez de connaître mon opinion, je pense que votre demande d'allocation pourrait être basée exclusivement sur l'importance des souscriptions recueillies en faveur des blessés, 3ᵉ catégorie, s'élevant à 41,148 fr. 60 ; cette catégorie me paraissant avoir eu pour but, dans la pensée des donateurs, la destination que le Comité, dont vous êtes le Président, est chargé de lui donner; votre demande devrait, je crois, être adressée à M. le Ministre des Finances. »

1er août 1871, Lettre de M. le Directeur général de la comptabilité à M. le Trésorier-général d'Eure-et-Loir. « Dans la séance du 27 juillet dernier, la Commission des secours a accordé à votre département une somme de vingt mille francs sur les fonds de secours aux blessés, je vous autorise en conséquence à faire l'emploi de cette somme. »

23 août 1871, à M. le Préfet par votre Président. « J'ai rendu compte au Comité central d'Eure-et-Loir dans sa réunion d'hier, des résolutions prises dimanche dernier par la Commission de répartition. Aucune objection relativement aux fonds provenant de l'Etat, mais quant à ceux fournis par les souscriptions du département, notre Comité a été de l'avis unanime qu'il n'appartenait qu'à lui seul de les recueillir et de les distribuer conformément à l'instruction ministérielle du 5 août. Il nous a semblé qu'une commission formée par votre prédécesseur, sous le nom de Commission de répartition, ne pouvait à aucun titre, ni s'attribuer les fonds de souscriptions, ni s'ingérer au mois d'avril 1871 dans des opérations commencées le 3 août 1870 et poursuivies sans interruption jusqu'à ce jour. »

8 septembre 1871, Lettre à M. le Ministre des Finances, demandant la remise entre nos mains des fonds de souscription départementale pour les secours aux blessés, 3e catégorie.

26 septembre suivant, Lettre de rappel au même Ministre, ainsi terminée : « ..... J'observerai à Monsieur le Ministre que nul autre que le Comité de Chartres n'a droit à toucher la somme réclamée à juste titre par nous. Nous espérons, Monsieur le Ministre, que vous voudrez bien nous autoriser à prélever la somme indiquée. »

4 octobre, Réponse du Ministre des Finances : « J'ai l'honneur de vous accuser réception de votre lettre du 26 septembre, mais je ne trouve aucune trace de celle que vous m'avez adressée le 8. Je regrette de ne pouvoir accueillir votre demande. (Ici, exposé des catégories des souscriptions.) La 3e catégorie a en vue la distribution de secours aux blessés, distribution faite par

les soins d'une Commission supérieure nommée par le Gouvernement dès l'origine de la guerre et qui n'a cessé de fonctionner. Vous n'avez donc et ne pouvez avoir aucun droit sur la somme de 41,148 fr. 60, montant des sommes recouvrées dans le département d'Eure-et-Loir.

» Quant à la somme de 8,940 fr. 86, montant de la 4e catégorie, vous avez déjà reçu celle de 7,164 fr. 50 par les soins du Trésorier-général, et la différence a été anciennement remise à M. le comte de Flavigny, président de la Société. Au surplus, les souscriptions ont été reçues pour le compte de la Société mère et non pour le compte des Comités locaux de cette Société, c'est donc uniquement avec M. de Flavigny que le Ministre a des comptes à régler, et j'ai l'honneur de vous engager à vous concerter directement avec lui. »

Cette réponse péremptoire considérant comme non avenue et comme lettre morte l'instruction ministérielle du 5 août, qui explique l'intention et le but du décret constitutif du 25 juillet 1870, nous démontre que toute réclamation auprès du Ministre relativement à la somme précitée, devient inutile; il nous restera à tenter une démarche auprès de la Société mère et de son honorable Président M. de Flavigny. Quant aux 7,164 fr. 50, ils ont été directement versés au Comité de Nogent-le-Rotrou.

FAITS PARTICULIERS ET SPÉCIAUX.

QUÊTE A DOMICILE, VILLE ET CAMPAGNE, BIBLIOTHÈQUES.

Chaque membre du Comité recevait ou s'imposait une mission à remplir, pendant ces longues heures enlevées à l'étude, à la science et au travail; au milieu des préoccupations des désastres publics et privés, c'était une bien douce consolation, celle de s'oublier pour soulager tant d'infortunes se succédant sous nos yeux, dans les ambulances, dans les convois de prisonniers, dans nos propres maisons; vivre au jour le jour était une nécessité impérieuse; cependant la fin de l'année arrivant, nos ressources de toute nature s'épuisant en comestibles, en finance, en combustible, en médicaments, en tabac, il fallut s'ingénier à pourvoir à tout : pour la finance, le Comité eut recours à des emprunts; l'un de ses membres eut l'excellente pensée de solliciter les étrennes de nos blessés au moyen d'une quête à domicile.

En voici le Rapport : « Monsieur le Président, à la fin de décembre 1870, à cause de la pénurie des ressources des ambulances, nous eûmes l'honneur, de concert avec M. l'abbé Duteyeul, de proposer au Comité un nouvel appel à la population d'une ville déjà si cruellement éprouvée. La souscription devait être dissimulée à l'autorité allemande si ombrageuse et si implacable. Des visites à domicile s'organisèrent rapidement dans chaque quartier, et au bout de quelques jours seulement, une somme d'environ 3,400 fr. était versée entre les mains du trésorier. Cette importante collecte témoigna une fois de plus du patriotisme de la cité. »

Rapport du même membre sur les excursions en campagne pour dons de linge. « M. le Président, au mois de février 1871, nos blessés manquaient de linge de rechange, le Comité accepta notre proposition de faire appel aux communes les moins éprouvées par la guerre. Nous partîmes, M. l'abbé Duteyeul et moi; en divers voyages, nous avons pu visiter les localités dont les noms suivent : Dammarie, Sours, Berchères-l'Evêque, Prunay-le-Gillon, Theuville, Luisant, Thivars, Boisvillette, Saint-Loup, Bouville, Bonneval, Maintenon, Pierres et Nogent-le-Roi. L'armistice vint heureusement nous surprendre au milieu de nos excursions qui avaient produit déjà environ 200 chemises, 60 draps, divers vêtements et quelques secours alimentaires. L'ambulance de Nogent-le-Rotrou profita largement de ces nouvelles ressources. »

Autre Rapport du même sur l'installation de bibliothèques.

« M. le Président, j'ai l'honneur de vous communiquer quelques renseignements sur les bibliothèques que j'ai installées auprès de nos ambulances. Environ 640 volumes empruntés à la bibliothèque populaire, à nos élèves, au collége et à quelques particuliers, ont été partagés entre les ambulances dont les noms suivent : Saint-Brice, Hôtel-Dieu, Théâtre, Josaphat, Communauté Saint-Paul, maison Joliet, Prison.

» Un bibliothécaire se chargea du catalogue où il consigna les noms des ouvrages en lecture, ainsi que la rentrée et la sortie de chaque volume. L'examen de ces divers catalogues et les entretiens fréquents que j'eus avec les blessés, m'ont heureusement démontré quelle salutaire influence pouvaient exercer sur nos soldats, la lecture et l'étude des bons ouvrages. J'en conclus que la bibliothèque, appuyée de cours et de conférences, répondait à un besoin de notre armée, et je pris la liberté d'adresser à M. le Ministre de la Guerre un rapport sur cette importante question. En autorisant l'organisation des bibliothèques, votre Comité aura rendu un nouveau service à nos blessés. »

M. Prieur, professeur au collége de Chartres, nous permettra de le désigner comme le rédacteur de ces rapports, et de mentionner ici que c'est à lui principalement qu'appartient l'initiative des trois importantes résolutions qui en font l'objet.

Don de 500 fr. de MM. Barrier et Duplant, négociants en épicerie, dès le 18 décembre 1870.

La lettre suivante leur a été adressée par le Président, au nom du Comité :

« Messieurs, le Comité central de Chartres auquel vous avez eu la générosité de faire un don de 500 fr., m'a prié de vous informer de la mention honorable qu'il en avait faite dans le registre de ses délibérations, tant en raison de l'importance du versement, que de la délicatesse avec laquelle vous l'avez effectué. »

ACQUITS DE MANDATS DE POSTE.

Citons aussi la belle et énergique conduite de M. Delorme, receveur principal des postes du département d'Eure-et-Loir, qui, pendant l'occupation prussienne et malgré la fermeture du bureau, imposée par l'autorité allemande, s'empressa de payer une grande quantité de mandats dont nos malheureux prisonniers étaient en possession et pour une valeur de plus de trois mille francs, et parvint à expédier en dehors des lignes prussiennes les correspondances que ces infortunés adressaient à leurs parents.

Arrêté pour ces faits le 29 décembre, et menacé d'être fusillé, il fut emmené prisonnier jusqu'au 1er février, laissant à Chartres sa famille inquiète du sort qui lui était réservé.

PÉNURIE DE MÉDICAMENTS.

Les médicaments venant à manquer, dont plusieurs d'une nécessité indispensable, M. Chauvière, pharmacien, l'un des membres du Comité, n'hésita pas à faire, à plusieurs reprises, le voyage de Chartres à Caen, et par ce dévouement répété, il contribua à approvisionner la pharmacie chartraine et celles de plusieurs localités; important aussi une grande quantité de tabacs si vivement réclamés par nos malades.

PHOTOGRAPHIE DE LA BATAILLE DE LOIGNY.

Un jeune aide en chirurgie de nos ambulances, M. Paul Richer, de Chartres, sut utiliser doublement son séjour à l'ambulance de Loigny; il reproduisit un des principaux épisodes de cette sanglante journée; puis il se rendit auprès du Président de notre Comité pour lui communiquer son intention de faire photographier cette composition au profit des orphelins de l'armée. Cette généreuse pensée fut vivement approuvée, le Comité s'empressa de donner l'élan et d'acheter 25 exemplaires destinés aux principaux établissements ayant reçu des blessés de Loigny. M. Paul Richer a eu la satisfaction de voir son œuvre et son intention couronnées d'un plein succès. Un premier versement de 500 fr. à Mme Le Guay, présidente de l'Œuvre de l'orphelinat, confère à ce jeune artiste le titre de bienfaiteur des pauvres orphelins de nos armées.

COMPTABILITÉ.

Le compte-rendu de toutes nos opérations financières comprendra :

1° Compte général, sans distinction.

2° Compte spécial aux secours, aux familles et blessés.

3° Compte spécial aux ambulances volantes et à demeure.

4° Compte spécial aux sommes mandatées par M. le Sous-Intendant et soldées par le Trésorier-général pour l'indemnité des journées de traitement des ambulances d'Eure-et-Loir.

5° Relevé général de toutes les sommes recueillies dans le département par toutes voies à notre connaissance.

CHAPITRE Ier.

Compte général.

M. Fabrègue, notaire, trésorier du Comité, a présenté un compte général, jusqu'au 25 octobre 1871 ; nous allons d'abord arrêter notre comptabilité jusqu'à cette époque, sauf à ajouter les recettes et dépenses ultérieures, par nouveau compte, jusqu'à apurement définitif.

Recettes générales	70,205 fr.	19 c.
Dépenses générales	72,050	62

BALANCE :

Dépenses	72,050 fr.	62 c.
Recettes	70,205	19
Au 25 octobre 1871, excédant de dépenses.	1,845	43

Antérieurement au 25 octobre, une somme de 8,000 francs avait été déposée à la caisse du Trésorier-général, comme fonds de secours aux familles, par M. le Préfet d'Eure-et-Loir, M. le Trésorier-général, par l'intermédiaire de ses percepteurs, a payé au compte du Comité, sur ses fonds :

1° Pour les soldats et les familles	5,045 fr.	» c.
2° A l'ambulance de Voves	1,500	»
3° A celle de Fains	800	»
Total.	7,345	»
Il resterait encore disponible à la Trésorerie, au compte du Comité.	655	»
Egal.	8,000	»

qui seront refondus dans notre compte général ultérieur.

CHAPITRE II.

Compte spécial aux secours aux familles et blessés soignés chez eux.

RECETTES SPÉCIALES.

11 août 1870, Cercle chartrain.	1,131 fr.	70 c.
29 août 1870, par M. Edmond Foiret, reliquat de souscription	203	15
29 août 1870, Société d'Horticulture et fête des jardiniers.	368	15
Du 9 août 1870 au 21 mai 1871, encaissements et versements par M. Garnier, *Journal de Chartres*, pour souscriptions antérieures . . .	43,409	24
Du 10 août 1870 au 20 mars 1871, mêmes versements par M. Coudray, *Union Agricole*. . . .	2,425	»
Du 13 août au 25 janvier 1871, mêmes verse-		
A reporter. . . .	47,537	24

Report. . . .	47,537 fr.	24 c.
ments par M. l'abbé Olivier, pour souscriptions reçues à l'Évêché	1,718	85
Du 9 août 1870 au 21 octobre 1870, offrandes diverses.	1,305	»
Du 16 août à octobre 1870, versements par communes.	1,755	35
Total des recettes, familles et blessés à domicile.	52,316	44

DÉPENSES SPÉCIALES.

Suivant l'état détaillé, joint au compte-rendu, il a été payé pour familles et blessés, du 27 août 1870 au 10 août 1871. . . 1,915 fr. » c. et du 19 mai au 19 septembre 1871 . . . . 330 40	2,245	40
Actif, au bénéfice des familles et blessés à domicile.	50,071	04
Sur les 8,000 fr. en caisse à la Trésorerie, dont il a été question au chapitre précédent, il a été attribué aux familles, et payé par l'intermédaire des percepteurs, un total de.	5,045	»

qui seront ultérieurement reportés au complément du compte général et viendront en déduction du reliquat actif ci-dessus.

CHAPITRE III.

Compte spécial aux ambulances.

RECETTES SPÉCIALES.

12 décembre 1870, MM. Barrier et Duplant, marchands épiciers, don de.	500 fr.	»
A reporter. . . .	500	»

		Report. . . .	500 fr.	»
1er janv. 1871, quêtes.	MM.	Noury et François, Grand-Faubourg.	538	50
—	—	Amblard, Adam, Charpentier.	409	45
—	—	Bourgeois et Foiret . . .	291	20
4 janv.	—	Noury, Pizot et autres. . .	448	05
—	—	Laigneau et autres. . . .	176	15
—	—	Jatteau, Château, Fresson .	251	10
—	—	Gaudichaud, Daniel, Lucrot, Ferron, Charpentier. . .	335	95
6 janv.	—	Jupin.	50	»
—	—	Roussillon	177	30
13 janv.	—	Pasquier, Buisson	94	70
15 janv.	—	Petrot, Nicole, Martin, Grison.	447	70
14 févr.	—	Prieur.	17	»
17 sept.	—	Jardiniers.	22	55
10 févr. 1871, don de M. Huelbennet, médecin russe . .			375	»
15 févr. — don de M. Lefébure, du Comité de Paris			100	»
15 févr. — don de M. Grandet.			300	»
Objets divers.			37	25
Autres offrandes.			107	75
17 mars, quête au Sacré-Cœur de Jette (Belgique). . .			659	»
7 juin, troncs de la cathédrale			50	»
18 mars, don de M. de Bussières, Comité évangélique de Versailles. . . . . 2,000 fr. } 1er février précédent, reçu du même . . . 500 }			2,500	»
31 mars, don du Comité central supérieur de Paris . . .			10,000	»
Total des recettes à attribuer aux ambulances			17,888	75

DÉPENSES SPÉCIALES.

Il ne sera mentionné que les dépenses relatées dans ce compte de M. le Trésorier jusqu'au 15 octobre 1871, le surplus sera consigné dans le complément définitif.

1° Ambulances volantes :

1° Les dépenses comprenant achats divers tels que brancards, tente en toile, matelas, ustensiles d'étain, frais de voyage, réparations de voitures et harnais, chevaux remboursés et en traitement, coutellerie et instruments de chirurgie, drapeaux, excursions à Bailleau-le-Pin, Courville, Châteauneuf, Mondoubleau, Marchenoir, Dreux, le Mans, etc., nourriture d'hommes et de chevaux. . . . . 3,957 fr. 96 c.

2° Dépenses spéciales à Loigny, nourriture, approvisionnements de toute nature pour les blessés, en comestibles, pharmacie, etc., et excursions 6 à 7, 8 à 9, 12 à 13, 14 à 16, 22 à 24 décembre pour transport de blessés, voyages isolés et traitement du commis principal . . . 3,383 44

3° Voyages à Beaugency, frais compris dans le prix moyen de chaque pièce à 65 fr. 15 pour les ambulances, avancés par l'Hôtel-Dieu, *néant.*

Total pour les ambulances volantes. . . 7,341 40

2° Prisonniers.

Le compte du Trésorier comprend pour cet objet une somme de 1,310 85

Il a été fait d'autres emplettes qui se confondront dans l'article des dépenses sans indication précisée. . . . . mémoire.

3° Tabac pour blessés et prisonniers.

Cet article se monte à 1,428 45

A reporter. . . . 10,080 70

Report. . . . 10,080 fr. 70 c.

4° *Frais généraux pour les ambulances à demeure.*

Sans désignation ni affectation précises, ils comprennent les articles 129, 146, 196, 403, 407, 479, 593, 382, 393, 497, fournitures de tabliers et torchons, chaussons, traversins et sommiers, sabots, couvertures, chemises, sacs de toile, 598 croix, 473 fournitures en gros, légumes secs, etc	2,832	65
	12,913	35

5° *Ambulances à demeure ou hôpitaux provisoires défrayés par le Comité central.*

D'après le relevé général, précédemment dressé, les dépenses générales, outre celles de l'article précédent, s'élèvent à. .	59,658 fr.	34		
Et celles avancées pour les ambulances non défrayées par le Comité central, se montent à. .	5,484	34		
	65,142	68		
Il est observé que dans cette somme sont compris des paiements faits aux ambulances de Loigny, Fains et Voves, effectués en novembre 1871, à reporter dans le compte définitif, au montant de .	11,775	»		
Dépenses effectuées jusqu'au 21 octobre	53,367	68	53,367	68
A reporter. . . .			66,281	03

Report. . . .	66,281 fr.	03 c.

6° *Comité supérieur de Paris.*

Le 9 août 1870, envoi à M. le comte de Flavigny, président du Comité.	3,000	»

7° *M. Martin, comptable de l'Hôtel-Dieu.*

Jusqu'au 25 octobre 1871, il lui a été payé en à-compte sur les honoraires pour travaux et tableaux relatifs aux feuilles nominales et numériques à dresser, et à produire à la Sous-Intendance, selon les prescriptions indiquées, sauf remboursements	1,324	19
Total du chapitre 3e. . . .	70,605	22

BALANCE :

Recettes	17,888 fr.	75 c.
Dépenses	70,605	22
Excédant de dépenses. . .	52,716	47

PREUVES :

Recettes : Chapitre 2e. . .	52,316	44		
— Chapitre 3e. . .	17,888	75		
Egal au compte général .	70,205	»	70,205	»
A reporter. . . .			70,205	»

	Report. . . .		70,205 fr.	» c.
Dépenses : Chapitre 2e . .	2,245	40		
— Chapitre 3e . .	70,050	62		
	72,850	62		
Il est porté au compte général.	72,050	62	72,050	62
Différence en plus sur la dépense	800	»		
Cette différence provient d'un deuxième à-compte de 800 fr. fait à l'ambulance de Fains et porté au compte du Trésorier-général, ci. .			Mémoire.	
Différence passive réelle, compte du Trésorier.			1,845	43

SITUATION EFFECTIVE AU 15 DÉCEMBRE 1871.

Il résulte de la comptabilité qui précède deux faits :

Le premier, c'est qu'il a été prélevé par notre Comité sur le fonds des familles, une somme de 50,071 fr. 04 c.

Et le 2e, c'est que les frais pour les ambulances ont dépassé les ressources spéciales, d'un excédant de 52,716 fr. 47 c.

Ces différences sont atténuées par les subventions recueillies et à recueillir pour le soulagement des familles des soldats morts sous les drapeaux ou des blessés rentrés dans leurs familles, et à provenir soit du fonds spécial des 50 millions, soit des 41,148 fr. 50 revendiqués par le Comité central, comme souscriptions émanées de notre département avec affectation spéciale aux familles et aux blessés.

CHAPITRE IV.

Compte spécial aux encaissements faits sur mandats pour journées touchées du Trésorier-général, pour les 73 ambulances, et acquittées par le Président de notre Comité central d'Eure-et-Loir, comme spécialement délégué à cet effet par le Ministre de la Guerre, ainsi qu'il a été exposé. Ces sommes ont été immédiatement encaissées par le Trésorier du Comité, et soldées sur les bons délivrés par M. Laigneau, l'un des secrétaires. Cette comptabilité est réservée pour le compte supplémentaire; mais dès aujourd'hui, mentionnons que les recettes se sont élevées à 154,065 fr. 60 c.

CHAPITRE V.

Relevé de toutes les sommes recueillies dans le département, par toutes voies, à notre connaissance.

A reproduire en détail dans le compte additionnel et final.

CHAPITRE VI.

Relevé général de tout le mobilier acheté.

Même observation que précédemment.

COMITÉ DES DAMES.

Le Comité des Dames a exprimé le désir que son Rapport soit annexé au nôtre, ce qui s'explique par l'action collective des deux Comités ayant agi collatéralement, l'un pour les secours aux familles des soldats sous les drapeaux, et le nôtre aux familles des blessés ou décédés.

Cette réunion des deux comptes-rendus sera pour nous les motifs d'une mission facile et agréable; agréable, puisqu'il nous permettra d'exprimer notre vive et légitime sympathie; facile, puisqu'il ne nous restera qu'à reproduire textuellement ce Rapport, rédigé avec autant de lucidité que de méthode, par le Comité des Dames lui-même.

Cependant cette réserve de notre part n'exclut pas quelques appréciations préliminaires et la narration historique de cette œuvre.

Dès les premiers jours de la déclaration de guerre, Mme Brassier eut la généreuse pensée de former à Chartres un Comité des Dames; à la suite de convocations et réunions à la Préfecture, le Bureau fut constitué, et Mme Brassier fut élue Présidente.

Des appels pressants en argent et linge furent faits et entendus, la lingerie, surtout, afflua. Ces Dames se mirent à l'œuvre avec une ardeur à laquelle nos désastres imprimèrent une nouvelle activité; d'autres personnes de la ville vinrent les seconder et contribuer à accélérer la mise en état de tout ce matériel : charmant atelier, où une bienfaisante émulation réunissait les cœurs et les rangs par l'amour de la patrie et la sensibilité de l'infortune : charpie, bandes, chemises, tabliers, draps, serviettes, tout disséqué, réparé, rajusté et disposé selon l'usage qui y était affecté, fut mis en ordre et par espèces, par les soins d'une merveilleuse dispensatrice, intelligente archiviste qui sut classifier et retrouver chaque objet dans sa case, sans recourir à l'étiquette traditionnelle.

Bientôt de nombreux envois furent faits à Paris, à la Commission supérieure, avec une prodigalité que les circonstances nous ont rendue préjudiciable, mais le cœur ne calcule pas le bienfait, et les malheurs de nos propres localités ont dépassé nos prévisions.

Les événements se passaient avec une rapidité vertigineuse, de grands revers amenèrent de grands retours, et la Présidente, toute dévouée à cette œuvre, dut quitter Préfecture, ville et Présidence; mais si la politique change, renverse, détruit, la charité conserve, améliore, fortifie; à cet égard, le Comité des Dames fit alors choix comme Présidente d'une jeune Dame non moins bien disposée pour cette mission de patriotisme et de sollicitude.

Le 21 octobre, à la capitulation de Chartres, Mme Labiche dut aussi quitter la ville. Mme Tamisier d'abord, puis Mme Bellier de la Chavignerie furent nommées vice-Présidentes.

C'est vers cette époque que le Comité s'affilia à la Société de la Convention internationale de Genève, délégation de Chartres, et qu'il lui fut délivré six cartes et brassards.

L'occupation ennemie restreignait nos ressources et les moyens de nous en créer, surtout dans un moment où les charges énormes de nos ambulances, en disproportion avec notre budget financier, absorbaient tous nos fonds de souscriptions; notre Comité, dans la séance du 30 décembre, invita son Président à prier le Comité des Dames de se charger des familles des blessés et de leur accorder les secours nécessaires. La réponse ne se fit pas attendre; le 2 janvier, Mme Bellier de la Chavignerie, Vice-présidente, adressait une lettre ainsi conçue : « Monsieur le Président, la proposition que vous faites à notre Comité va lui imposer des obligations considérables que nous ne sommes pas certaines de pouvoir toujours remplir avec nos propres ressources; mais tel est notre désir de venir en aide à toutes les souffrances des familles que la guerre atteint, que nous n'hésitons cependant pas à accepter votre offre, persuadées que nous sommes, que si les fonds dont nous pouvons disposer devenaient insuffisants, nous pourrions à notre tour faire appel à votre Comité et y trouver l'assistance dont nous aurions besoin. Notre Comité me charge, Monsieur le Président, de vous adresser son acceptation et de vous demander la liste des familles que vous avez assistées jusqu'à présent. »

De son côté, le Comité des Dames, disposant de sommes relativement modiques, dut s'ingénier à augmenter ses ressources. Dès le mois d'octobre, elles avaient pris une résolution aussi énergique que pénible, ce fut, par ses sept Dames, de se placer chaque dimanche et chaque jour de fête, à chaque porte de la cathédrale, bourse en main, brassard au bras, malgré l'intensité du froid; et ce fut pendant cinq mois qu'elles remplirent assidument cette intrépide mais dure fonction qui leur permit de ne pas discontinuer les secours aux familles.

Là ne se bornera pas encore leur zèle charitable; à chaque convoi de prisonniers, elles se rendaient auprès de ces infortunés, leur donnaient vêtements, chaussures, soins et consolations dont ils avaient tant besoin. Comme membres de la Société internationale, elles se réservèrent l'ambulance du Théâtre où leur sollicitude ne fit pas faute comme Dames de secours et en fournissant presque tout le linge nécessaire. Multipliant ainsi un dévouement qu'il ne nous est pas permis de passer sous silence et auquel il était de notre devoir de rendre hommage.

Ces faits exposés, nous allons présenter le compte de cet actif et utile Comité, tel qu'il nous a été confié.

Comité des Dames pour secours aux familles des soldats sous les drapeaux par le fait de la guerre.

« Deux convocations de Mme Brassier en juillet 1870, formation du Bureau et désignation des Dames pour quêtes à domicile, deux par deux, et par rues, et par quartiers.

Mme Brassier, *Présidente.*

Mmes Vassart,
Stanislas Isambert, } *Vice-Présidentes.*

Collier-Bordier,
Monchal,
Gustave Foiret, } *Secrétaires.*

Edmond Foiret,
Gilbert-Barrier,
Person, } *Trésorières.*

Puis Mme Emile Labiche, *Présidente.*

Et après les départs : Mmes Tamisier,
Bellier de la Chavignerie, } *Vice-Présidentes.*

Mlle Leprince et Mme Savouré, déléguées aux ambulances avec charge de la lingerie.

Appel fait à tous les Maires du département d'envoyer un état nominatif des militaires de leur commune avec désignation de la classe, du corps, de la profession et de la position des parents, du nombre d'enfants, avec signature de quatre conseillers municipaux et du Maire.

Les villes de Châteaudun, Dreux, Nogent-le-Roi ont un Comité avec des ressources.

Un certain nombre de communes renoncent aux secours, n'ayant pas de militaires dont les familles soient indigentes.

Un plus petit nombre garde ses ressources pour y pourvoir.

866 demandes de secours sont adressées,
675 sont accueillies,

191 sont rejetées pour droits insuffisants ou la position pécuniaire n'étant pas précaire.

212 familles ont été secourues dans le département avant l'occupation de Chartres.

128 familles l'ont été d'août en mars dans Chartres et les environs.

340

340

278 demandes n'étant arrivées au Comité qu'au mois d'octobre, il n'a pu être statué sur la position des familles avant l'occupation; elles ont reçu quatre versements faits à la Trésorerie et distribués par les soins des percepteurs.

46 familles n'ont reçu qu'un secours temporaire, leur position n'ayant pas nécessité la continuation.

11 familles étrangères au département, mais réfugiées à Chartres et ayant un de leurs membres à l'armée, ont été secourues pendant les cinq mois d'occupation.

675

Les secours ont été accordés à cinq catégories :

1° Aux femmes et aux familles des anciens militaires rappelés à l'activité.

2° Aux familles des jeunes soldats de la deuxième portion appelés à l'activité.

3° Aux familles des militaires et marins libérés et rappelés à l'activité.

4° Aux familles et aux femmes des gardes nationaux et des mobiles.

5° Aux familles et aux femmes des engagés volontaires.

1° Les Souscriptions et quêtes aux portes de l'église se sont élevées à . . . . 19,447 fr. 49 c.

Ainsi fournies par arrondissement :

Arrondissement de Chartres. . .	1,971 fr.	20
Ville de Chartres	14,080	64
Arrondissement de Châteaudun .	1,625	60
— de Dreux . . .	1,270	05
— Nogent-le-Rotr.	500	»

2° Don fait par M. de Flavigny, président de la Commission supérieure, à la demande des

A reporter. . . . 19,447 49

Report. . . .	19,447 fr.	49 c.
Dames du Comité, par l'entremise de M. Lataud, de la délégation de Tours, et comme retour du linge tout confectionné qui lui avait été adressé à Paris	7,000	»
2° Subvention sur les fonds de l'Etat, par M. le Préfet et la Commission de répartition. .	21,175	»
Total des recettes. . . .	47,622	49

Ainsi réparties :

1° 114 familles de Chartres et les étrangères ont reçu en argent. .	5,217 fr.	20	9,614	15
En bons de pain, viande, épicerie	4,062	30		
En effets neufs. . . .	334	55		
2° 515 familles du département.			33,020	»
3° 46 — en secours temporaires . . .			805	»
4° Aux blessés et aux prisonniers, tant en argent qu'en effets d'habillement.			572	75
Il n'y a pas d'estimation possible pour ce qui a été distribué en vêtements, chaussures, tabac, cigares, etc., la générosité n'ayant jamais manqué à l'appel qui lui était fait.				
Versement fait à la caisse des orphelins. . .			3,575	»
Faux frais de poste et de bureaux.			35	59
Emploi égal à la recette. . .			47,622	49

Plus particulièrement, l'ambulance du Théâtre recevait les soins des Dames du Comité, guidées par la Sœur Sainte-Aimée de la Communauté de Saint-Paul, avec l'assistance de deux novices.

On ne saurait trop louer le dévouement de la Sœur Sainte-Aimée, non-seulement pour ses soins éclairés auprès des malades, mais aussi pour sa surveillance assidue à l'économat. Et combien a été utile le concours de Mlle L....., dont tout le monde a le nom sur les lèvres quand il s'agit de cette charité sans limite qui s'élève en s'occupant des soins les plus minutieux; là encore on pourrait signaler en Mme M... cette assiduité, ce talent à se multiplier, renseignements à prendre, visites aux prisonniers, exactitude des écritures, ponctualité en tout, c'est-à-dire la vie du sacrifice dans la bonne et belle acception. Ajoutons que chacune s'est acquittée de ses fonctions avec émulation, mais non à l'envi l'une de l'autre.

A ce compte-rendu est joint et annexé le tableau de la répartition des secours par cantons et arrondissements. »

Respectons, Messieurs, la modestie d'une carrière poursuivie avec une persistance et une impartialité exquises, et ne décernons à aucune en particulier l'éloge que toutes méritent : on n'accomplit pas une tâche semblable sans un dévouement exceptionnel et bien méritoire!

TABLEAU DE RÉPARTITION DES SECOURS

Par le Comité des Dames de Chartres

Aux Familles des Soldats par le fait de la guerre 1870-71.

CANTONS.	AVANT L'OCCUPATION.		APRÈS L'OCCUPATION.	
	DÉPENSES en secours.	RECETTES.	DÉPENSES en 4 versemen[ts]	TOTAL.
	fr.	fr. c.	fr.	fr.
ARRONDISSEMENT DE CHARTRES.				
Auneau	135	»	1,720	1,855
Chartres-nord . .	485	»	1,305	1,790
Chartres-sud . . .	645	»	2,010	2,655
Courville	505	»	1,485	1,990
Illiers	270	»	1,080	1,350
Janville	420	»	1,115	1,535
Maintenon	710	»	900	1,610
Voves	390	»	1,075	1,465
A reporter. . .	3,560	1,971 20	10,690	14,250

CANTONS.	AVANT L'OCCUPATION.		APRÈS L'OCCUPATION.	
	DÉPENSES en secours.	RECETTES.	DÉPENSES en 4 versemen[ts]	TOTAL.
	fr.	fr. c.	fr.	fr.
Report. . .	3,560	1,971 20	10,690	14,250
ARRONDISSEMENT DE CHATEAUDUN.				
Bonneval	295	»	1,075	1,370
Brou.	215	»	1,385	1,600
Châteaudun. . . .	20	»	685	705
Cloyes.	45	»	580	625
Orgères	115	»	1,630	1,745
	690	1,625 60	5,355	6,045
ARRONDISSEMENT DE DREUX.				
Anet.	305	»	1,655	1,960
Brezolles	75	»	690	765
Châteauneuf . . .	335	»	640	975
Dreux	310	»	1,565	1,875
La Ferté-Vidame.	175	»	625	800
Nogent-le-Roi . .	265	»	1,220	1,485
Senonches.	135	»	285	420
	1,600	1,270 05	6,680	8,280
ARRONDISSEMENT DE NOGENT-LE-ROTROU.				
Authon	515	»	1,385	1,900
La Loupe	570	»	1,090	1,660
Nogent-le-Rotrou.	125	»	215	340
Thiron	350	»	1,000	1,350
	1,560	500	3,690	5,250
TOTAL. . . .	7,410	5,366 85	26,415	33,825 »
Ville de Chartres.		14,080 64	. . . . . .	9,614 15
TOTAL GÉNÉRAL. . . .		19,447 49	. . . . . .	43,439 15

TABLEAU

DES

SECOURS ALLOUÉS AUX FAMILLES ET AUX BLESSÉS

du département d'Eure-et-Loir.

OBSERVATIONS PRÉLIMINAIRES.

M. Le Guay, préfet d'Eure-et-Loir, ayant mis à la disposition du Comité, dans le courant de 1872, des subventions provenant du Fonds spécial du crédit de 50 millions votés par le Corps législatif, pour venir en aide aux familles des militaires et des blessés, le Comité a nommé une Commission présidée par M. Auguste Lefebvre, vice-président, M. H. Laigneau, secrétaire, pour procéder à la répartition de ces secours; il nous a paru convenable, avant l'établissement du compte final, de mettre en regard du Tableau dressé par le Comité des Dames, celui relatif à cette distribution, par cantons et arrondissements, sans distinction des sommes allouées avant et après l'occupation allemande, par notre Comité.

CANTONS.	SOMMES DISTRIBUÉES	
	par cantons.	par arrondissements.
	fr.	fr.
ARRONDISSEMENT DE CHARTRES.		
Chartres (Nord et Sud). . .	7,868 »	18,253 »
Auneau	2,055 »	
Courville.	1,570 »	
Illiers.	780 »	
Janville	1,905 »	
Maintenon	1,935 »	
Voves.	2,140 »	
A reporter. . .	18,253 »	18,253 »

CANTONS.	SOMMES DISTRIBUÉES par cantons.	SOMMES DISTRIBUÉES par arrondissements.
	fr.	fr.
Report. . . .	18,253 »	18,253 »
ARRONDISSEMENT DE CHATEAUDUN.		
Châteaudun.	4,030 »	10,850 »
Bonneval	1,600 »	
Brou	930 »	
Cloyes	2,505 »	
Orgères	1,785 »	
ARRONDISSEMENT DE DREUX.		
Dreux.	2,385 »	6,460 »
Anet	840 »	
Brezolles.	545 »	
Châteauneuf	865 »	
La Ferté-Vidame.	525 »	
Nogent-le-Roi.	1,210 »	
Senonches	90 »	
ARRONDISSEMENT DE NOGENT-LE-ROTROU.		
Nogent-le-Rotrou	2,510 »	7,475 »
Authon	2,715 »	
La Loupe	980 »	
Thiron	1,270 »	
TOTAUX. . . .	43,038 »	43,038 »
A ces sommes il faut ajouter la subvention donnée comme fonds Famille à l'Œuvre de l'Orphelinat d'Eure-et-Loir. .	5,000 »	5,000 »
TOTAUX. . . .	48,038 »	48,038 »

RÉSUMÉ FINANCIER

DES DEUX COMITÉS DE CHARTRES

Jusqu'à l'apurement de ce Compte-rendu.

RESSOURCES :

1° Souscriptions diverses et quêtes locales :		
1° Comité central, chapitre 2.	53,316 fr. 44	
— chapitre 3.	2,964 75	75,728 fr. 68 c.
2° Comité des Dames. . . .	19,447 49	
2° Dons horzains :		
Comité central : docteur Huelbennet (russe), Sacré-Cœur de Jette (Belgique), et Comité évangélique de Versailles, chapitre 3 . . .		3,534 »
3° Subvention de la Commission supérieure de Paris :		
1° Comité central, chapitre 3.	10,000 fr. »	
Sur lesquels il y a réduction de 5,500 fr. pour allocations antérieures à cette même Commission et à l'ambulance de Janville	mémoire.	17,000 »
2° Comité des Dames. . . .	7,000 »	
A reporter. . . .		96,262 68

Report. . . .	96,262 fr. 68 c.
4° Allocations de la Commission de répartition instituée par le Préfet d'Eure-et-Loir :	
1° Au Comité central. . . . 8,000 fr. » A comprendre dans le compte supplémentaire, en partie employés . . . . . 2° Au Comité des Dames . . 20,000 »	28,000 »
Les allocations reçues ou à recevoir seront relatées dans le compte supplémentaire, ci.	Mémoire.
5° Mandats pour journées de maladies, à comprendre dans le même compte, ci. . . .	Mémoire.
Total des ressources.	124,262 68

CHARGES :

1° Secours aux blessés et sur le champ de bataille et aux ambulances spéciales de dépôts à Loigny et à Fains, ainsi qu'aux blessés et malades recueillis dans toutes nos ambulances disposées et meublées et entièrement défrayées par notre Comité, voyages, matériel, secours aux prisonniers et la somme liquidée jusqu'au 25 octobre 1871 de.	70,605 fr. 22 c.
2° Secours aux familles :	
1° Comité central, sur les fonds chapitre 2 . . . . 2,245 fr. 40 Sur les fonds de 8,000 fr. . 5,045 » 2° Du Comité des Dames. . . 46,447 45	53,737 85
Total des charges	124,343 07

Et ce résultat a été obtenu, ces services multiples ont été rendus, avec les souscriptions départementales et de Chartres, ne recevant, après la paix, que 29,200 fr. de fonds de l'Etat et de la Commission supérieure de Paris, en mars et novembre 1871.

Il faut bien le reconnaître et le constater ici, c'est que le département d'Eure-et-Loir, où ont eu lieu tant de combats et une sanglante bataille, dont tous les blessés ont été amenés et soignés par lui, où des villes et des communes ont été presque entièrement incendiées et beaucoup d'autres ravagées, n'a pas été encore proportionnellement favorisé par la répartition soit des millions mis à la disposition de l'Etat, soit des secours à accorder par la caisse de la Société internationale de Paris, si généreusement dotée même par nous.

Espérons qu'aujourd'hui que nous sommes en mesure de justifier des énormes sacrifices faits par le département, réparation sera rendue et que satisfaction sera donnée, à l'avantage des familles que nous avons dû sacrifier pour recueillir et défrayer les nombreux blessés, malades, abandonnés à nos seules et modiques ressources : et qu'en tout cas, les 41,148 fr. 60 fournis par les souscriptions du département et versés au Trésor par M. le Trésorier-général d'Eure-et-Loir, nous seront intégralement remis pour être répartis entre tant de familles privées de leurs soutiens, à qui les fonds étaient spécialement destinés; et, à l'appui de nos justes réclamations, consignons ici le tableau de nos différentes opérations comme résumé général.

RÉSUMÉ GÉNÉRAL.

Notre compte-rendu auquel est annexé celui des Dames comprend trois ordres de secours : familles, blessés, ambulances, se résumant en deux sections distinctes : 1° Ambulances de blessés et malades; 2° secours aux familles et aux blessés à domicile; aussi convient-il de scinder et diviser notre œuvre, par le motif ci-dessus énoncé, et en outre pour satisfaire plus clairement aux questions et à la formule, adressée le 15 novembre 1871, par M. le comte de Flavigny, président du Comité central parisien des secours aux blessés et familles et de la Société française de la Convention de Genève.

RECETTES.

	Familles.	Ambulances.
Comité central d'Eure-et Loir.		
1. Souscriptions et offrandes d'Eure-et-Loir spécialement destinées aux familles, juillet et août 1870.	52,316 fr. 44 c.	
Comité des Dames.		
2. Quêtes à domicile et aux portes des églises exclusivement pour familles et blessés à domicile. Janvier à mars.	19,447 49	
3. Subvention du Comité supérieur de Paris, comme retour de linge confectionné, reçue le 31 mars	7,000 »	
4. Subvention sur les fonds de l'Etat, reçue du Préfet en octobre 1871, pour familles . . .	20,000 »	
Comité central.		
5. Quêtes et offrandes, janvier à mars, à Chartres		5,388 fr. 75 c.
6. Comité évangélique de Versailles, reçu de M. de Bussières, les 1er février et 13 mars 1871. .		2,500 »
7. Subvention de l'Etat, reçue en octobre 1871 de M. le Préfet.		8,000 »
A reporter. . .	98,763 93	15,888 75

	Familles.	Ambulances.
Report. . . .	98,763 fr. 93 c.	15,888 fr. 75 c.
8. Journées de malades à recevoir de la Sous-Intendance, en décembre 1871, pour ambulances défrayées de tout, par le Comité central de Chartres		37,724 »
Familles. . . .	98,763 93	
9. Plus reçu du Comité supérieur de Paris, le 31 mars 1871.		10,000 »
Ambulances.		63,612 75

DÉPENSES.

Comité central de Chartres.

	Familles.	Ambulances.
1. Secours aux familles, août à décembre	2,245 fr. 40 c.	
Comité des Dames.		
2. Secours aux familles, décembre 1870 à décembre 1871. .	46,447 45	
Comité central.		
3. Ambulances volantes, non compris Loigny		3,957 fr. 96
4. Ambulances à Loigny, voyages, vivres, etc.		3,383 40
A reporter. . . .	48,692 85	7,341 36

	Familles.	Ambulances.
Report. . . .	48,692 fr. 85 c.	7,341 fr. 36 c.
5. Dépenses pour les prisonniers et tabac		2,739 30
6. Frais généraux, surtout en lingerie		2,832 45
7. Ambulances fixes défrayées par le Comité		65,142 68
Ambulances, avances et dons.		5,484 »
9. Comité supérieur de Paris, le 9 août 1870, à lui envoyé . .		3,000 »
10. Avances et droit proportionnel au comptable sur les relevés numériques dressés par lui etc., jusqu'au 20 décembre.		1,404 19
Totaux. Familles . . .	48,692 85	
Totaux. Ambulances		87,943 98

BALANCES :

1° *Familles.*

Recettes	98,763 fr. 93 c.	
Depenses	48,692 85	
Prélèvement sur les fonds des familles	50,071 08	50,071 08

2° *Ambulances :*

Dépenses	87,943 fr. 98 c.
Recettes.	63,612 75
Excédant de dépenses . . .	24,331 23

A reporter. 50,071 08

Report. . . .	50,071 fr.	08 c.
Le fonds Familles doit être remboursé par le fonds Ambulances de cet excédant de dépenses	24,331	23
A prélever sur les journées et le reliquat actif au compte rendu et sur les subventions à intervenir.	25,739	85
Egal.	50,071	08

SITUATION FAITE AU FONDS FAMILLES DANS LE DÉPARTEMENT D'EURE-ET-LOIR.

RECETTES :

1° Les articles 1 et 2 ci-dessus.	71,763 fr.	93 c.
2° Les souscriptions d'Eure-et-Loir recueillies par les percepteurs ont été par eux déposées à la Trésorerie générale et par celle-ci au Trésor; elles étaient aussi destinées aux familles, et s'élèvent à.	41,148	60
Total pour le fonds départemental . . .	112,912	53
Total des secours ci-dessus portés	48,692	85
Reste en différence au préjudice des familles	64,219	68
En décembre 1871, il a été reçu de M. le Préfet, sur les fonds de l'Etat, pour familles 27,000 fr., sur lesquels il a été donné pour l'orphelinat 5,000 fr., ci . . . . 27,000 fr.		
A reporter. . . .	64,219	68

Report. . . .	64,219 fr. 68 c.
(Fonds familles à figurer dans le compte supplémentaire).	27,000 »
Il restait encore à distribuer aux familles après la répartition ci-dessus et sur les 8,000 fr. précédemment indiqués et à comprendre dans le compte supplémentaire	37,219 68

SITUATION. SOCIÉTÉ DE LA CONVENTION DE GENÈVE.

RECETTES :

Le fonds Ambulances a effectivement reçu et à recevoir, compris les journées à 1 fr. . . .	63,612 fr. 75 c.
Il a été dépensé	87,943 98
Il reste un excédant de dépenses à couvrir, de.	24,331 23

Le double exposé ci-dessus atteste que le département d'Eure-et-Loir a été en quelque sorte abandonné à ses propres ressources, avec subventions et allocations bien minimes et surtout hors de proportion avec ses sacrifices de toute nature.

CONCLUSION.

« Messieurs, nous sommes à peu près arrivés au terme de notre longue et laborieuse mission, entreprise le 3 août 1870; félicitons-nous de l'accord et de la bonne harmonie qui n'ont pas cessé de régner entre nous; le but était digne de nos efforts, et nous l'avons atteint; ce qui a surtout distingué notre Comité, c'est la diversité des spécialités appelées à le composer, et qui toutes ont concouru à faire prospérer la tâche que nous nous étions imposée; ce sera le meilleur hommage rendu aux avantages de l'initiative privée, agissant en toute liberté dans la sphère de son action propre; nos pensées et nos résolutions se résumaient et s'unifiaient au sein de notre Comité; ainsi conçue, comprise et conduite, notre œuvre devait arriver à bonne fin et à parfaite conclusion. »

Présenté au Comité central de Chartres le 15 décembre 1871.

COLLIER-BORDIER,
Président.

Le Comité, après avoir, pendant trois séances successives, entendu la lecture du Rapport qui précède et pris communication de tout l'ensemble, et après diverses rectifications et modifications, a décidé que le compte-rendu serait imprimé dans son entier et tiré à 300 exemplaires qui seraient vendus au profit des familles des soldats et des blessés.

NOTA. Le Compte supplémentaire et final sera rendu dans le courant de novembre prochain.

Observons ici que depuis cet exposé, il est survenu des modifications dans les chiffres, en raison de recettes ultérieures, mais sans importance pour le résultat final.

ÉTAT DES DISTINCTIONS HONORIFIQUES

Accordées à notre connaissance, dans le département d'Eure-et-Loir, en ce qui concerne la Société de la Convention de Genève, pour services rendus dans et pour les Ambulances et les prisonniers.

Ces distinctions consistent en photographies aux établissements ayant recueilli les blessés de Loigny, croix d'honneur, médailles d'argent ou de bronze et croix de la Convention de Genève avec diplômes du Conseil supérieur de Paris, sur la proposition du Comité de Chartres.

Nos D'ORDRE.	NOMS ET QUALITÉS.	PHOTOGRAPHIES.	CROIX D'HONNEUR.	MÉDAILLES.	CROIX DE GENÈVE.
	COMITÉ CENTRAL DE CHARTRES.				
	CHARTRES.				
1	Collier-Bordier (✻), conseil-général, président	»	»	Ⓐ	⊞
2	Delacroix maire, député, vice-président.	»	»	Ⓐ	⊞
3	Abbé Olivier, chanoine, secrétaire-général de l'évêché, vice-président . .	»	»	Ⓑ	⊞
	Auguste Lefebvre, juge, vice-président.	»	»	Ⓑ	⊞
4	H. Laigneau, avocat, secrétaire . . .	»	»	Ⓑ	⊞
5	L. Martin, avoué	»	»	Ⓑ	⊞
	A. Fabrègue, notaire, trésorier . . .	»	»	Ⓑ	⊞
6	Garnier, directeur du *Journal de Chartres.*	»	»	Ⓑ	⊞
7	Coudray, directeur de l'*Union Agricole* .	»	»	Ⓑ	⊞
8	Boutet, vétérinaire, membre du Comité.	»	»	Ⓑ	⊞
9	Charpentier (Paul), substitut, secrétaire de la présidence	»	»	Ⓑ	⊞
10	De Boissieu, délégué aux ambulances, canton nord	»	»	Ⓑ	⊞
11	Docteur Moreau, de Paris (✻) . . .	»	»	Ⓑ	⊞

N°s D'ORDRE.	NOMS ET QUALITÉS.	PHOTOGRAPHIES.	CROIX D'HONNEUR.	MÉDAILLES.	CROIX DE GENÈVE.
12	De Pontavice, inspecteur d'Académie .	»	»	Ⓑ	⊞
13	Damars (Paul), délégué, canton sud .	»	»	Ⓑ	⊞
14	Pricur, professeur au collége. . . .	»	»	Ⓑ	⊞
15	Chauvière, pharmacien	»	»	Ⓑ	⊞
16	Abbé Duteyeul, aumônier du collége .	»	»	Ⓑ	⊞
17	Milan, relieur, commis principal . .	»	»	Ⓑ	⊞
18	Comptables : Grillon, caissier . . .	»	»	»	⊞
19	Mousset, clerc de notaire.	»	»	»	⊞
20	Quijoux, clerc de notaire.	»	»	»	⊞
21	Monchal fils	»	»	»	⊞
22	Collier-Bordier (Francis)	»	»	»	⊞
23	Barué, pharmacien.	»	»	»	⊞
24	Docteur russe Huelbennet.	»	»	Ⓐ	⊞
	COMITÉ DES DAMES.				
1	Mmes Brassier, fondatrice, 1re présidente.	»	»	Ⓑ	⊞
2	E. Labiche, 2e présidente . . .	»	»	Ⓑ	⊞
3	Bellier de la Chavignerie, vice-présidente	»	»	Ⓑ	⊞
4	Collier-Bordier, secrétaire . . .	»	»	Ⓑ	⊞
5	Monchal, id.	»	»	Ⓑ	⊞
6	Person, id. . . .	»	»	Ⓑ	⊞
7	Ed. Foiret, trésorière . . .	»	»	Ⓑ	⊞
8	Mlle Leprince	»	»	Ⓑ	⊞
9	Mme Savouré	»	»	Ⓑ	⊞
	1° HÔTEL-DIEU.				
1	Établissement	1	»	»	⊞
2	Isambert (Michel), délégué	»	✻	Ⓑ	⊞
3	Docteurs : Maunoury	»	✻	Ⓐ	⊞
4	Salmon	»	✻	Ⓐ	⊞
5	Rocque	»	✻	Ⓐ	⊞
6	Voyet père (✻)	»	»	Ⓐ	⊞
7	Voyet fils	»	»	Ⓐ	⊞
8	Sœur Pélissier, supérieure.	»	»	»	⊞
9	Abbé Boucher, aumônier	»	»	»	⊞
10	De Sainte-Beuve, secrétaire-général. .	»	»	Ⓑ	⊞
11	Martin, comptable	»	»	»	⊞
12	Aides : Porcher, bandagiste, aide en chirurgie	»	»	»	⊞
13	Allain, aide chirurgien . . .	»	»	»	⊞

N°s D'ORDRE.	NOMS ET QUALITÉS.	PHOTOGRAPHIES.	CROIX D'HONNEUR.	MÉDAILLES.	CROIX DE GENÈVE.
14	Aides : Paugoué, élève en médecine .	»	»	»	✚
15	Richer (Paul), id.	»	»	»	✚
16	Capelet, élève en pharmacie .	»	»	»	✚
17	Thomas, employé.	»	»	»	✚
18	Tuvache, élève en pharmacie .	»	»	»	✚
19	Darreau, doreur sur métaux .	»	»	»	✚
20	Noury, ancien libraire . . .	»	»	»	✚
21	Bonjean, clerc de notaire . .	»	»	»	✚
22	Belouin, ancien pharmacien .	»	»	»	✚
23	Gallas, clerc de notaire . . .	»	»	»	✚
24	Girouard fils	»	»	»	✚
25	Luco, employé aux contributions indirectes	»	»	»	✚
26	Beaunier, employé au chemin de fer	»	»	»	✚
27	Bourgeois fils	»	»	»	✚
28	Rouard, pharmacien	»	»	»	✚
29	Rocque (Lucien), aide chirurgien	»	»	»	✚
30	Depussay, infirmier à l'Hôtel-Dieu	»	»	»	✚
	2° SAINT-BRICE.				
1	Établissement	1	»	»	✚
2	Isambert (Stanislas), délégué. . . .	»	»	Ⓑ	✚
3	Docteur Juteau	»	»	Ⓐ	✚
4	Sœur supérieure.	»	»	»	✚
5	Sœur Valentine et établissement. . .	1	»	»	✚
6	Abbé Bordier, aumônier	»	»	»	✚
7	Aides : Louchard, caissier à l'Assurance mutuelle	»	»	»	✚
8	Gilbert (Emile), élève en médecine.	»	»	»	✚
9	Vallerand, peintre en bâtiments.	»	»	»	✚
10	Martin, de l'établissement . .	»	»	»	✚
	3° ASILE D'ALIGRE (JOSAPHAT).				
1	Établissement	1	»	»	✚
2	Foiret (Edmond), délégué.	»	»	Ⓑ	✚
3	Docteur Corbin	»	»	Ⓐ	✚
4	Gouablin, receveur-économe. . . .	»	»	»	✚

N°s D'ORDRE.	NOMS ET QUALITÉS.	PHOTOGRAPHIES.	CROIX D'HONNEUR.	MÉDAILLES.	CROIX DE GENÈVE.
	4° ÉCOLE NORMALE.				
1	Établissement	1	»	»	⊞
2	Person (✻), délégué	»	»	Ⓑ	⊞
3	Docteurs : Lelong (Adolphe)	»	»	Ⓐ	⊞
4	Lelong (Marcel)	»	»	Ⓐ	⊞
5	Abbé Langlois, aumônier.	»	»	»	⊞
6	Aides : Laigneau, comptable. . . .	»	»	»	⊞
7	Renault, surveillant	»	»	»	⊞
8	Nalot, élève.	»	»	»	⊞
9	Brosseron, élève	»	»	»	⊞
10	Demasle, coiffeur	»	»	»	⊞
	5° THÉATRE.				
1	Lefebvre (Auguste), délégué (v. Comité).	»	»	»	»
2	Docteurs : Martin (✻)	»	»	Ⓐ	⊞
3	Colas.	»	»	Ⓐ	⊞
4	Sœur Aimée, supérieure	»	»	»	⊞
5	Person fils, avoué, secrétaire. . . .	»	»	»	⊞
6	Aides : Ouellard fils, employé . . .	»	»	»	⊞
7	Ferré.	»	»	»	⊞
8	Frère Acheul, supérieur de la doctrine chrétienne. . . .	»	»	Ⓑ	⊞
9	Chifflet (Louis), employé au chemin de fer	»	»	»	⊞
	6° GRAND-SÉMINAIRE.				
1	Établissement	1	»	»	⊞
2	Abbé Pécheteau, économe	»	»	»	⊞
	7° PETIT-SÉMINAIRE.				
1	Établissement	1	»	»	⊞
2	Abbé Chau, professeur.	»	»	»	⊞
	8° SŒURS SAINT-PAUL (SAINT-JACQUES).				
1	Établissement	1	»	»	⊞
2	Dame supérieure	»	»	»	⊞
	9° SŒURS NOTRE-DAME.				
1	Établissement	1	»	»	⊞
2	Sœur supérieure.	»	»	»	⊞

N^os D'ORDRE.	NOMS ET QUALITÉS.	PHOTOGRAPHIES.	CROIX D'HONNEUR.	MÉDAILLES.	CROIX DE GENÈVE.
	10° INSTITUTION NOTRE-DAME.				
1	Établissement	1	»	»	✚
2	Abbé Rouillon, directeur	»	»	»	✚
3	Abbé Lemonnier, professeur	»	»	»	✚
	11° PROVIDENCE.				
1	Établissement	1	»	»	✚
2	Abbé Binet, supérieur	»	»	»	✚
	12° DAMES-BLANCHES.				
1	Établissement	1	»	»	✚
2	Dame supérieure	»	»	»	✚
	13° DAMES DE LA VISITATION.				
1	Établissement	1	»	»	✚
	14° SŒURS DE BON-SECOURS.				
1	Établissement	1	»	»	✚
2	Abbé Pâty, délégué (voir Aumôniers).	»	»	»	»
3	Abbé Pouclée, supérieur	»	»	»	✚
4	Dame supérieure.	»	»	»	✚
	15° PETITES-SŒURS-DES-PAUVRES.				
1	Établissement	1	»	»	✚
	16° MAISON ROUSSILLON.				
1	Abbé Roussillon, secrétaire de l'évêché.	»	»	»	✚
	17° MAISON MARCOTTE.				
	Voir M. Damars. Comité	»	»	»	»
	18° MAISON JOLIET.				
1	Mmes Auguste Lefebvre.	»	»	»	✚
2	Grindelle	»	»	»	✚
3	Sœur Sainte-Emile	»	»	»	✚
	19° MAISON VINCENT.				
1	Fabrègue (Adrien), délégué (v. Comité).	»	»	»	»

Nos D'ORDRE.	NOMS ET QUALITÉS.	PHOTOGRAPHIES.	CROIX D'HONNEUR.	MÉDAILLES.	CROIX DE GENÈVE.
2	Mme Celles, infirmière	»	»	»	⊞
3	Aide : Voisin.	»	»	»	⊞
	20° MAISON MAUGER.				
1	Mauger, chef d'institution.	1	»	»	⊞
	21° MAISON GIRARD.				
1	Mlle Girard, maitresse de pension . .	»	»	»	⊞
	22° AMBULANCES PARTICULIÈRES.				
1	Mmes Alex. Texier	»	»	»	⊞
2	Vallou de Lancé	»	»	»	⊞
3	De Luigné	»	»	»	⊞
4	De Boisvillette	»	»	»	⊞
5	Adrien Fabrègue, notaire . . .	»	»	»	⊞
6	De Lubriat.	»	»	»	⊞
7	Nitot (général)	»	»	»	⊞
8	Mlles Peluche.	»	»	»	⊞
9	Hervé	»	»	»	⊞
10	MM. Gaullier, notaire	»	»	»	⊞
11	Albert Marchand, propriétaire. .	»	»	»	⊞
12	Bonnard, notaire.	»	»	»	⊞
13	Fournier, notaire.	»	»	»	⊞
	23° PRISON.				
1	Établissement	»	»	»	⊞
2	Mercier, directeur des prisons, délégué.	»	»	Ⓑ	⊞
3	Etienne, gardien-chef	»	»	»	⊞
	24° AUMÔNIERS DES MOBILES D'EURE-ET-LOIR.				
1	Abbés : Hervé, professeur à l'institution Notre-Dame	»	»	Ⓐ	⊞
2	Piauger, vicaire de Saint-Pierre.	»	»	Ⓐ	⊞
3	Robbé, vicaire de la cathédrale.	»	»	Ⓐ	⊞
4	Piau, vicaire de Saint-Aignan .	»	»	Ⓐ	⊞
5	Pâty, chapelain de Notre-Dame-Sous-Terre (v. Bon-Secours).	»	»	Ⓐ	⊞
	25° AMBULANCES ALLEMANDES.				
1	Établissement Saint-Michel	1	»	»	⊞

N°s D'ORDRE.	NOMS ET QUALITÉS.	PHOTOGRAPHIES.	CROIX D'HONNEUR.	MÉDAILLES.	CROIX DE GENÈVE.
2	Sœur Rose, supérieure.	»	»	»	⊞
3	Établissement du collége	»	»	»	⊞
4	Sarrut, principal.	»	»	»	⊞
5	Établissement des Frères	»	»	»	⊞
6	Germond, sous-chef, à la gare . . .	»	»	»	⊞
	Conseil supérieur, à Paris.	»	»	Ⓐ	»
	HORZAINS.				
	25° Sours.				
1	Établissement du château	»	»	»	⊞
2	Prévosteau, préposé	»	»	»	⊞
	26° Béville-le-Comte.				
1	Docteur Robin	»	»	Ⓐ	⊞
2	Mme Demuyer	»	»	»	⊞
3	Mlle Sorreau (Marie)	»	»	»	⊞
	26° bis Houville.				
1	Rousseau, curé	»	»	»	⊞
	27° Courville.				
1	Hospice : établissement	»	»	»	⊞
2	Docteur Curé.	»	»	Ⓐ	⊞
	28° Pontgouin.				
1	Hospice : établissement.	»	»	»	⊞
2	Docteur Szavamorowich	»	»	Ⓐ	⊞
	29° et 30° Illiers.				
1	Hermand, délégué	»	»	»	⊞
2	Établissement de l'école de filles. . .	»	»	»	⊞
3	Établissement de l'hospice.	1	»	»	⊞
4	Docteurs : Galopin	»	✻	Ⓐ	⊞
5	Lemoine.	»	»	Ⓐ	⊞
6	Dumuid, maire	»	»	»	⊞
7	Hébert-Corbisier, aide-chirurgien . .	»	»	»	⊞
8	Lefebvre ; pharmacien	»	»	»	⊞
9	Poulain, instituteur (✻)	»	»	»	⊞
10	Grosdidier, instituteur	»	»	»	⊞
11	Léon Mercier, propriétaire	»	»	»	⊞

Nos D'ORDRE.	NOMS ET QUALITÉS.	PHOTOGRAPHIES.	CROIX D'HONNEUR.	MÉDAILLES.	CROIX DE GENÈVE.
12	Mlle Lauvray, institutrice	»	»	»	⊞
13	Mmes Feugère des Forts	»	»	»	⊞
14	Hubert	»	»	»	⊞
	31° Janville.				
	Leroy délégué, a dû recevoir du Conseil supérieur	»	»	»	⊞
1	Docteurs : Dargent	»	»	Ⓐ	⊞
2	Lebel	»	»	Ⓐ	⊞
3	Clichy, maire	»	»	»	⊞
	32° Maintenon.				
1	Établissement du château	»	»	»	⊞
2	Hospice	»	»	»	⊞
3	Docteurs : Lamy	»	»	Ⓐ	⊞
4	Perret	»	»	Ⓐ	⊞
5	Hélie, greffier de la mairie	»	»	»	⊞
	33° Épernon.				
1	Docteurs : Poidevin	»	»	Ⓐ	⊞
2	Finet	»	»	Ⓐ	⊞
	34° Voves.				
1	Établissement des sœurs	1	»	»	⊞
2	Bigot, maire, délégué	»	»	Ⓑ	⊞
3	Docteurs : Legendre	»	»	Ⓐ	⊞
4	Chollet	»	»	Ⓐ	⊞
5	Penelle, juge de paix	»	»	»	⊞
6	Abbé Chevallier, curé	»	»	»	⊞
7	Abbé Pertuy, vicaire	»	»	»	⊞
	36° Ymonville.				
1	Docteur Vallen	»	»	Ⓐ	⊞
	37° Viabon.				
1	Mlle Doublet, institutrice	»	»	»	⊞
	38° Ouarville.				
1	Docteur Bellentani	»	»	Ⓐ	⊞

Nos D'ORDRE.	NOMS ET QUALITÉS.	PHOTOGRAPHIES.	CROIX D'HONNEUR.	MÉDAILLES.	CROIX DE GENÈVE.
	39° FAINS.				
1	Château	»	»	»	⊞
2	Abbé Goussu, curé, délégué	»	»	Ⓑ	⊞
3	Sœurs de Saint-Paul	»	»	»	⊞
4	Aides : Debray de Chartres	»	»	»	⊞
5	Cintrat, id.	»	»	»	⊞
	40° MONTAINVILLE.				
1	Mme Duchon	»	»	»	⊞
	41° GERMIGNONVILLE.				
1	Godin, maire.	»	»	»	⊞
	43° bis VILLARS.				
1	Cintrat, maire	»	»	»	⊞
	45° CHATEAUDUN.				
	Raimbert-Sévin, président. Sence, vice-président, et autres membres ont reçu directement du Conseil supérieur la croix de Genève.				
1	Raimbert-Sévin (✻)	»	»	Ⓑ	»
2	Sence, juge de paix.	»	»	Ⓑ	»
3	Vicaire, trésorier	»	»	Ⓑ	»
4	Docteurs : Meunier	»	»	Ⓐ	»
5	Anthoine (✻)	»	»	Ⓐ	»
6	Raimbert (✻)	»	»	Ⓐ	»
7	Hiblot	»	»	Ⓐ	»
8	Humery	»	»	Ⓑ	»
9	Lumière, maire (✻)	»	»	Ⓑ	»
10	Lecesne, imprimeur	»	»	Ⓑ	»
11	Boudet.	»	»	Ⓑ	»
12	Testanière (✻)	»	»	Ⓑ	»
13	Géray	»	»	Ⓑ	»
14	Lubin	»	»	Ⓑ	»
15	Etablissement de l'hospice.	1	»	»	⊞
16	Dames-Blanches	»	»	»	⊞
17	Providence	1	»	»	⊞
18	Dames de Bon-Secours.	»	»	»	⊞
19	Dames du Comité : Mme Lumière . .	»	»	Ⓑ	»

N°s D'ORDRE.	NOMS ET QUALITÉS.	PHOTOGRAPHIES.	CROIX D'HONNEUR.	MÉDAILLES.	CROIX DE GENÈVE.
20	Mmes Sence	»	»	Ⓑ	»
21	Lanauze	»	»	Ⓑ	»
22	Coudray	»	»	Ⓑ	»
23	Chevalier	»	»	Ⓑ	»
24	Goujon	»	»	Ⓑ	»
	46e et 48e BONNEVAL.				
1	Établissement de l'hospice	1	»	»	⊞
2	Asile d'aliénés	1	»	»	⊞
3	Jumeau, délégué	»	»	»	⊞
4	Docteurs : Vassort (✻)	»	»	Ⓐ	⊞
5	Rousset	»	»	Ⓐ	⊞
6	Broc	»	»	Ⓐ	⊞
7	Aide chirurgien, Macquaric	»	»	Ⓐ	⊞
8	Dupré, ancien maire	»	»	Ⓑ	⊞
9	Talbert, juge de paix	»	»	»	⊞
10	Houdebine	»	»	»	⊞
11	Abadie	»	»	»	⊞
12	Labbé	»	»	»	⊞
13	Mauthé	»	»	»	⊞
14	Mlle Léontine Fillon	»	»	»	⊞
	49e MESLAY-LE-VIDAME.				
1	Château	»	»	»	⊞
2	Docteur Dambraine	»	»	Ⓐ	⊞
3	Mme Goussard	»	»	»	⊞
4	Chantegrain, régisseur	»	»	»	⊞
5	Mme Bourgine	»	»	»	⊞
	50e SANCHEVILLE.				
1	Docteur Wladimir Dmokowski	»	»	Ⓐ	⊞
2	Part, instituteur	»	»	»	⊞
3	Gobet, mobile de Loir-et-Cher	»	»	»	⊞
	53e CLOYES.				
1	Établissement de l'école de filles	»	»	»	⊞
2	Etablissement de l'hospice Yron	»	»	»	⊞
3	Isambert délégué	»	»	Ⓑ	⊞
4	Docteurs : Cosse	»	»	Ⓐ	⊞
5	Raoul Rougedemontant	»	»	Ⓐ	⊞
6	Léon Rougedemontant	»	»	Ⓐ	⊞

N°s D'ORDRE.	NOMS ET QUALITÉS.	PHOTOGRAPHIES.	CROIX D'HONNEUR.	MÉDAILLES.	CROIX DE GENÈVE.
7	Mme Legrand	»	»	»	⊞
8	Dehert	»	»	»	⊞
9	Jonquet	»	»	»	⊞
10	Graffoulières, soldat	»	»	»	⊞
11	Mlle Leveau	»	»	»	⊞
12	Marquise d'Argent	»	»	»	⊞
	56° COURTALAIN.				
1	École-Montmorency, sœurs Saint-Paul	»	»	»	⊞
2	Docteur Chauveau	»	»	Ⓐ	⊞
3	Leconte, instituteur	»	»	»	⊞
4	Aumoine	»	»	»	⊞
5	Lemuasle	»	»	»	⊞
	Le marquis de Gontaut-Biron a reçu directement	»	»	»	»
6	Reynard	»	»	»	⊞
	57° LA FERTÉ-VILLENEUIL.				
1	Hospice	»	»	»	⊞
	58° MONTIGNY-LE-GANNELON.				
1	Duchesse de Lévis-Mirepoix	»	»	»	⊞
2	Ambulance Ferret de Pont-l'Evêque	»	»	Ⓐ	»
3	Ecole de filles, sœurs de la Providence	»	»	»	⊞
	59° BROU.				
1	Hospice	»	»	»	⊞
2	Docteur Talbert	»	»	Ⓐ	⊞
3	Mlles Martin	»	»	»	⊞
4	Delisle	»	»	»	⊞
	60° ORGÈRES.				
1	Dr Lescarbault (✲) a reçu directement	»	»	Ⓐ	»
2	Mmes Lescarbault	»	»	»	⊞
3	Guimberteau	»	»	»	⊞
4	Coudière	»	»	»	⊞
	61° LOIGNY.				
1	Abbé Theuré, curé, délégué	1	✲	Ⓐ	⊞
2	Tourne, maire	»	»	»	⊞

Nos D'ORDRE.	NOMS ET QUALITÉS.	PHOTOGRAPHIES.	CROIX D'HONNEUR.	MÉDAILLES.	CROIX DE GENÈVE.
3	Chirurgiens-majors : Dujardin-Beaumetz	»	✲	Ⓐ	⊞
4	Labrousse . . .	»	»	Ⓐ	»
5	Bouchez. . . .	»	»	Ⓐ	»
6	Challans. . . .	»	»	Ⓐ	»
7	Potel.	»	»	Ⓐ	»
8	Rabot	»	»	Ⓐ	»
9	Barrault. . . .	»	»	Ⓐ	»
10	Aides : Lamain, mobile de la Mayenne.	»	»	Ⓐ	»
11	Testut, mobile de la Dordogne.	»	»	»	⊞
	62° LUMEAU.				
1	Abbé Maurice, curé	»	»	»	⊞
2	Renard, instituteur.	»	»	»	⊞
3	Château de Lumeau	»	»	»	⊞
	62° bis TILLAY-LE-PÉNEUX.				
1	Abbé Lancelin, curé	»	»	»	⊞
2	Mlle Pescheux, institutrice	»	»	»	⊞
	62° ter GAUBERT.				
1	Charbonniaud, pasteur protestant . .	»	»	»	⊞
	63° TERMINIERS.				
1	Docteur Gebauer	»	»	Ⓐ	⊞
2	Abbé Morchoisnes, curé de Terminiers.	»	»	»	⊞
3	Dureau, instituteur.	»	»	»	⊞
4	Desforges, de Villepion	»	»	»	⊞
5	Mlle Cécile Cosme, de Faverolles . .	»	»	»	⊞
6	Sœurs Saint-Paul	»	»	»	⊞
7	Visage.	»	»	»	⊞
8	Docteurs : Lucas Championnière, ambulance parisienne. . .	»	»	Ⓐ	»
9	Basserault, ambulance parisienne.	»	»	Ⓐ	»
10	Charles Hême, de Vendôme.	»	»	Ⓐ	»
11	Boulé, de Verdes	»	»	Ⓐ	»
	63° bis GUILLONVILLE.				
1	Tousche-Guillon, instituteur	»	»	»	⊞
2	Jérôme Dallais, instituteur	»	»	»	⊞

N°s D'ORDRE.	NOMS ET QUALITÉS.	PHOTOGRAPHIES.	CROIX D'HONNEUR.	MÉDAILLES.	CROIX DE GENÈVE.
	64° CORMAINVILLE.				
1	Dreux, délégué	»	»	»	⊡
	65° bis BAZOCHES-LES-HAUTES.				
1	Château	»	»	»	⊡
2	Abbé Pasquier, curé	»	»	»	⊡
3	Vallet, instituteur	»	»	»	⊡
	66° VARIZE.				
1	Docteur Vincent.	»	»	Ⓐ	⊡
	67° FONTENAY-SUR-CONIE.				
1	Mme Besseteaux	»	»	»	⊡
	68° bis CHATEAUNEUF.				
1	Docteur Poulain.	»	»	Ⓐ	⊡
	69° La FERTÉ-VIDAME.				
1	Ecole de filles, sœurs de Saint-Paul. .	»	»	»	⊡
2	De Fontenay, maire	»	»	»	⊡
	71° bis LA LOUPE.				
1	Docteurs : Pichot	»	»	Ⓐ	⊡
2	Tizon.	»	»	Ⓐ	⊡
3	Martin, instituteur	»	»	»	⊡
	NOGENT-LE-ROTROU ET DREUX.				
	Ont reçu directement du Conseil supérieur, et n'ont pas fait de rapport au Conseil central.				

Voici la lettre de M. Dujardin-Beaumetz, transmise par M. le Maire de Chartres à M. Collier-Bordier, président du Comité, et dont il est question page 25 de ce rapport :

Loigny, 5 décembre 1870.

MONSIEUR LE MAIRE,

Depuis le 2 décembre, plus de seize cents blessés français auraient été abandonnés sans aucun secours d'aucune nature, si des chirurgiens militaires français qui ont suivi leurs régiments au feu, ne les avaient recueillis pendant et après la bataille, fait placer dans des granges et nourrir comme ils ont pu... Il y a là, Monsieur le Maire, une grande infortune, elle doit être immédiatement soulagée. Autour de nous tout est brûlé. Si la ville de Chartres, la seule que les opérations militaires nous permettent d'aborder, ne vient pas aujourd'hui même à leur secours, beaucoup de ces pauvres gens mourront de froid et de faim; ils mourront aussi faute de soins, car huit chirurgiens ne suffisent pas à panser tant de blessures et à pratiquer en même temps les opérations qu'on ne saurait remettre au lendemain. Je compte, Monsieur le Maire, que votre patriotisme organisera immédiatement un convoi de vivres : il nous faut du pain, du vin; il nous faut aussi des matelas, des draps, des couvertures, du linge à pansements; il faut sortir ces malheureux des granges où ils sont entassés, des fermes brûlées et désertes où ils sont perdus dans la campagne, et les transporter, non à Chartres qui est peut-être encombré de blessés, mais dans les grands villages qui se trouvent sur les routes de Chartres à Loigny.

M. le curé de Loigny vous expliquera les détails dans lesquels je ne saurais entrer ici et ramènera à nos blessés tout ce que la ville de Chartres saura bien mettre à notre disposition.

Je suis avec respect, Monsieur le Maire, votre très-obéissant serviteur.

Le Médecin-major du 31e de marche,

DUJARDIN-BEAUMETZ.

TABLE DES MATIÈRES.

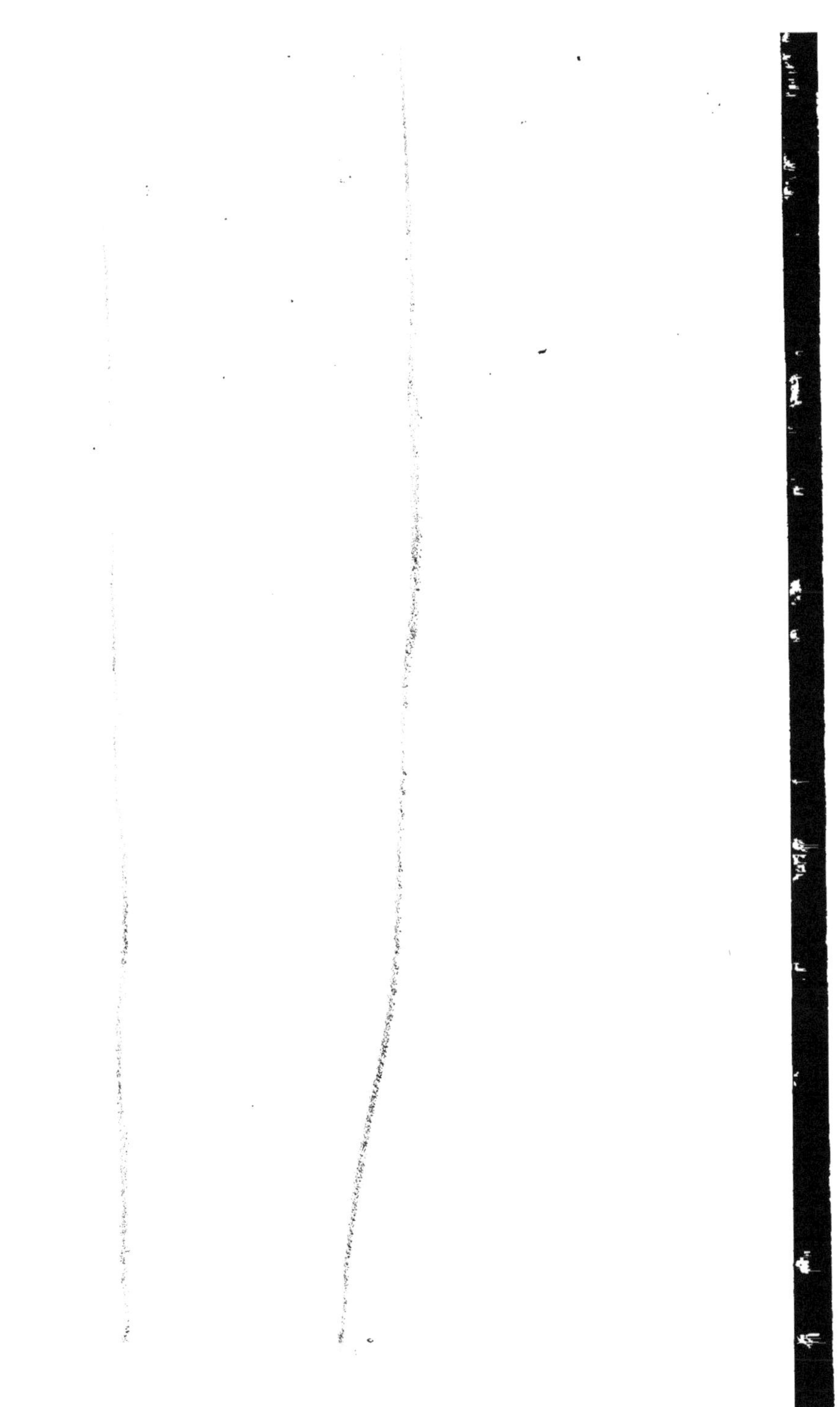

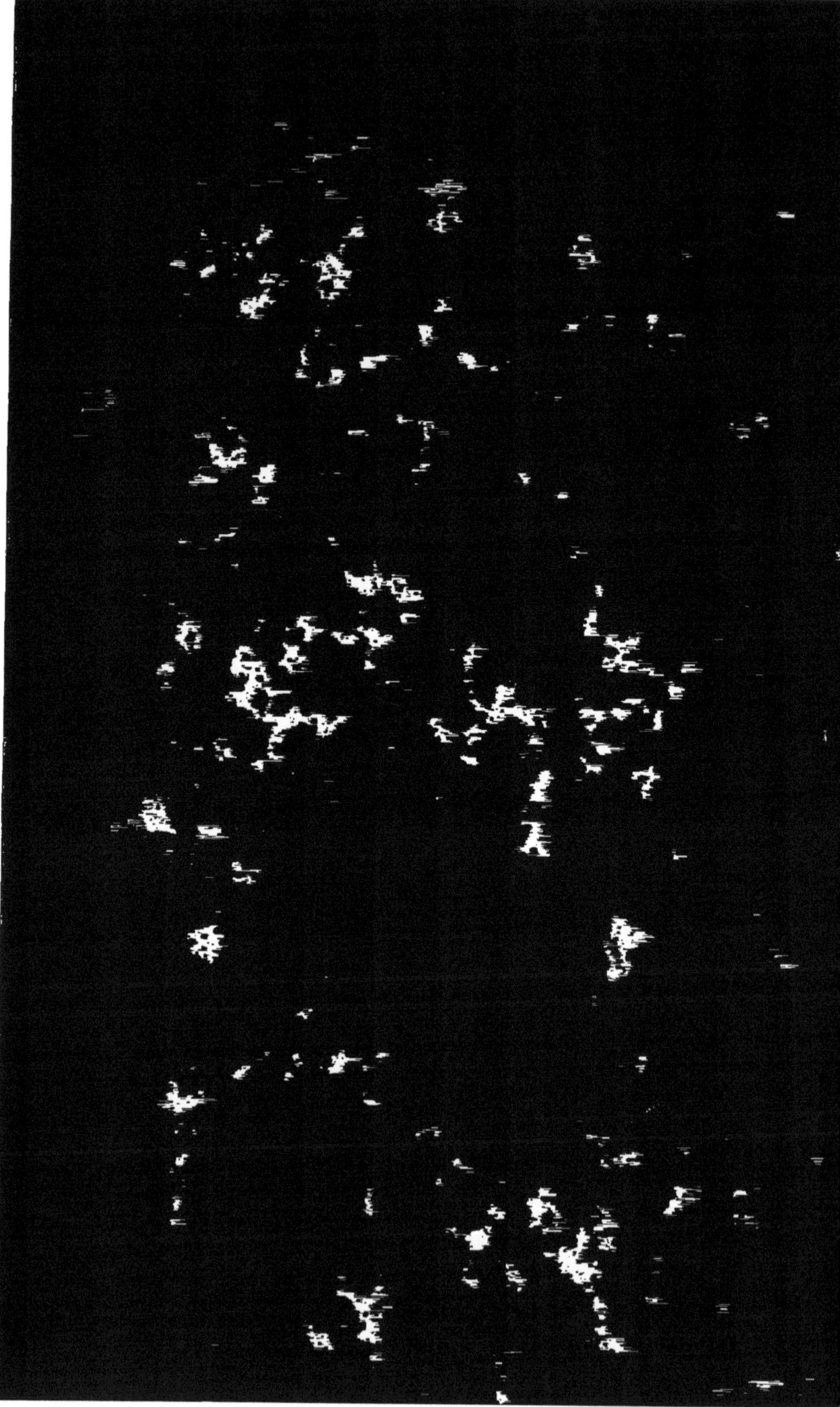

www.ingramcontent.com/pod-product-compliance
Ingram Content Group UK Ltd.
Pitfield, Milton Keynes, MK11 3LW, UK
UKHW020120200726
13856UKWH00002B/649